JN261115

中東正文

企業結合法制の実践

理論と実際シリーズ
1
会社法・金融商品取引法

信山社

はしがき

　この10年の間に、企業結合法制は数次の大きな変遷を経験した。これらの歴史的展開が、どれほどの理論的な裏付けを有しているのかは多分に疑問である。とはいえ、ひとたび新しい道具が制度化されれば、実務はこれを直ちに実践する。また、従来は深く考えられてこなかった事象が生じた場合にも、実務は、これまでの理論の蓄積を分析しつつ、その先の新しい道を選択していくことが求められる。

　本書は、企業結合法制の実践的な側面に焦点を当てて、具体的な事案に関する論文等を中心に所収している。先に上梓した『企業結合法制の理論』（信山社、2008年）の姉妹編でもあり、理論を実践するという観点から、あるいは、実践の基礎となる理論のあるべき姿を探るという観点から、まとめたものである。

　第Ⅰ部の「実践のための視座」においては、企業結合法制の変化に対応する際に、理論の実践がどのように行われるべきかについて、基本的な視点や視座を述べたものである。取り扱った素材は様々であるが、新しい課題に対して、どのように対峙すべきかを示すよう試みた。

　第Ⅱ部の「法理の具体的な実践」においては、個別具体的な事案や裁判例について、論評等を行い、理論の実践が適切に行われることを期待している。説得力のある理論を構築することは難しいが、たとえ精緻に組み立てられた理論であっても、これを実践することは容易ではない。実務の悩みをできるだけ共有しようとしつつも、研究者として、あるべき実践の姿を模索した。

　第Ⅲ部の「実践のための理論」においては、理論の実践における悩みに対応し得る理論を組み立てるために、どのような着想から出発すべきかについて、序論的な分析を提示する。とりわけ、国際化や国際的調和が重視される傾向にある現在にあって、わが国のこれまでの歩みや社会的な状況など、固有の事情を踏まえつつ、堅実かつ安定的な法の再構築

はしがき

を期待している。

　このような課題に取り組むには、相当の経験と知見が必要であり、本書は大風呂敷を広げた感が否めない。ただ、各章はさほど難解ではなく、近年の企業活動に関心のある読者には、身近なものに感じていただけるであろう。実務に携わっている方々や実務に飛び出そうとしている方々にも、広く手にとっていただき、ご意見やご批判を賜れば、幸いである。

　本書の刊行にあたっても、信山社の袖山貴氏、今井守氏、稲葉文子氏には、大変お世話になった。お礼を申し上げる。

　　2008年12月27日

　　　　　　　　　　　　　　　　　　　　　　　　　　中東正文

【目　次】

はしがき

第Ⅰ部　実践のための視座

第1章　株式交換制度を戦略的に活用する経営者たれ……………2

第2章　株式交換制度の導入と企業結合法制の今後……………4
　　1　はじめに (4)
　　2　株式交換制度導入の意義 (4)
　　3　現時点での新しい動き (7)
　　4　今後の課題 (9)
　　5　結　語 (13)

第3章　持株会社………………………………………………14
　　1　持株会社の解禁 (14)
　　2　持株会社組織の作り方 (14)
　　3　持株会社組織のコーポレート・ガバナンス (16)
　　4　持株会社と労働問題 (17)
　　5　企業再編と企業社会 (17)

第4章　買収防衛に関する会社の基本方針……………………18
　　1　はじめに (18)
　　2　会社法制の基本枠組み (20)
　　3　証券規制のあり方 (23)
　　4　会社はどう対応すべきか (27)

第5章　大量保有報告制度の充実…………………………29

第6章　外国会社による三角合併…………………………31

第 7 章　株主は他の株主を選ぶことができるのか……………………33

第 8 章　会計帳簿閲覧等の拒絶事由は、拒絶の自由を
　　　　認めるものか……………………………………………………35

第 9 章　M&A を巡る最近の動向
　　　　――対価柔軟化――……………………………………………37
　　　1　はじめに (37)
　　　2　会社法制の変遷と M&A の動向 (38)
　　　3　監査役に期待されること (39)
　　　4　合併等対価の柔軟化 (41)
　　　5　債務超過会社の組織再編 (49)
　　　6　敵対的買収に対する防衛 (50)
　　　7　証券法制による開示 (54)
　　　8　結　語 (56)

第Ⅱ部　法理の具体的な実践

第 1 章　不当な比率による合併と取締役の責任
　　　　――最三小判平成 8 年 1 月23日（平 7 オ2130号、損害賠
　　　　償請求（株主代表訴訟）上告事件〔上告棄却〕――………60
　　　1　事実の概要と判旨 (60)
　　　2　学説・判例の状況 (61)
　　　3　実務への示唆 (67)

第 2 章　UFJ vs. 住友信託 vs. 三菱東京
　　　　――法的問題点の整理と司法の役割――……………………69
　　　1　序　論 (69)
　　　2　東京地裁での争い (69)
　　　3　東京高裁での争い (74)
　　　4　最高裁での争い (76)
　　　5　最高裁決定の後の戦い (79)
　　　6　結　語――司法の役割―― (86)

第3章 UFJ事件にみる司法判断
　　　——取引保護条項の有効性を中心に——……………………88
　1　事件の概要（88）
　2　最高裁決定（92）
　3　取引保護条項の有効性（98）
　4　持株会社と敵対的買収防衛（101）
　5　結　語（103）

第4章 積極的な法創造を——UFJ事件——……………………… 105
　1　はじめに（105）
　2　最高裁平成16年8月30日決定（105）
　3　本件東京地裁判決（106）
　4　おわりに（108）

第5章 住友信託銀行 vs. 旧UFJ事件
　　　——【本案・第1審判決】東京地判平成18年2月13日
　　　〔控訴：平成18年11月21日和解〕——……………………… 109
　1　事案の概要（109）
　2　判決要旨（110）
　3　分析と展開（113）

第6章 取締役会決議が必要な重要な財産の処分
　　　——最高裁平成6年1月20日第一小法廷判決——………… 120
　1　事実の概要（120）
　2　判　旨（120）
　3　解　説（121）

第7章 ブルドックソース事件を巡る法的戦略と司法審査 …… 126
　1　はじめに（126）
　2　事件の全体像と各当事者の動き（126）
　3　論争点の検討と当事者の戦略（130）
　4　結　語（141）

第8章　ブルドックソース事件と株主総会の判断の尊重 ……… 144
  1　問題の所在（144）
  2　事件の概要（144）
  3　株主総会の判断に関する最高裁決定（146）
  4　株主総会の判断の法的意味（151）
  5　結　　語（158）

第9章　カネボウ株式買取価格決定申立事件
   ――東京地裁平成20年3月14日決定〔即時抗告〕―― ……159
  1　事実の概要（159）
  2　決定要旨（161）
  3　研　　究（166）

第Ⅲ部　実践のための理論

第1章　資本市場に対峙するための法整備 ……………………… 180
第2章　カナダの気風と法制度 …………………………………… 183
  1　カナダへの道標（183）
  2　カナダ法の沿革（184）
  3　敵対的買収（185）
  4　おわりに（187）

初出・原題一覧（巻末）

事項索引（巻末）

〈本文中の法令名・条文数は初出時のもの〉

企業結合法制の実践

第Ⅰ部　実践のための視座

第1章 株式交換制度を戦略的に活用する経営者たれ

　株式交換制度が我が国にも導入される見通しである。数年来、論文等で導入を提言してきた私としても、これが実現して健全な形で運用されれば喜ばしい。

　株式交換制度は、独占禁止法9条の改正を契機として、持株会社組織の構築の手法として注目されているが、より広い視野から新しいM&Aの選択肢が設けられたと意味づけるべきであろう。

　我が国においては従来、対象会社の株式の全部を取得するという形での企業結合手法が不十分であった。株式交換を実施できるようになれば、そのような欠点が相当に補充され、戦略的なM&Aを実行できる環境が一層整備されることになる。

　このような環境整備を実際に活用できるかどうかは、経営者の決断力に大きく委ねられよう。株式交換を戦略的に利用すれば、それが株式取得型の企業結合手法であるがゆえに、会社の買収や売却が容易にできよう。

　しかも、買収する側の会社は株主有限責任によって守られるから、合併のように資産と負債が完全に融合してしまう場合と比較すると、対象会社の簿外債務や偶発的債務による危険を予測可能な一定限度に押さえ込むことができる。

　また、再建の見通しが全くない会社の買収は厳に慎むべきであるが、債務超過会社といえども経営陣の刷新等によって更生する展望がわずかながらでも得られるならば、積極的に再建を試みるべきであり、それに必要な道具はそろったといえよう。

　以上のように、株式交換制度を実際に運用する主体には、これを戦略的に活用する経営者であることが期待されるが、他方、今なお、法律面での整備が十分でない点も残っているように思われる。まずは、連結納税制度の導入など、税法の整備が不可欠である。

商法にあっても、今回の株式交換制度に加えて、一層バラエティに富んだM&Aの手法を用意することが必要である。

例えば、公開買付を実施した結果、対象会社株式の90％以上の提供を受けたならば、買付者は、残りの株主から強制的に持株を先の公開買付と同一条件で買い取ることができるようにすべきである。強制買取制度といい、イギリスやカナダなどでは古くから活用されている。90％という要件は厳しくみえるが、対価が買収会社の株式に限られておらず、現金でもよい点などがメリットとなろう。

他方、合併においても従来、対価は存続会社の株式でなければならないと考えられてきたが、現金を用いることができるように商法を改正すべきである。ただし、株主総会の特別決議のみでそのような合併を可能とすることは少数株主の保護という点で大いに問題があるから、利害関係のない株主の多数決による賛成が得られることなどの要件を法律で明確にした上で、認めるべきであろう。

種々残された問題はあるが、実務的に解決できるものも少なくない。期待されるのは、株式交換制度を戦略的に活用する才能に長けた経営者の手によって、我が国が強靭な経済基盤を築くことである。

第Ⅰ部　実践のための視座

第2章　株式交換制度の導入と企業結合法制の今後

1　はじめに

　経済の再生がわが国で最重要課題の一つになっている。株式交換制度の導入は、企業に積極的な再編を可能とするものであり、所期の狙い通り機能することが期待されている。

　多様な企業結合手法を用意して、企業のより効率的な再編を可能とするためには、企業結合法制を全般的に見渡しながら検討を続けることが必要である。

　そのためには企業分割の問題についても考察しなければならない。フランス法の歴史をさかのぼれば分かるように、企業の結合と分割とは、表裏の関係にありながら、連続的な問題でもある。つまり、ある企業（グループ）からみれば事業の分割であっても、相手方の企業（グループ）からみれば、結合にほかならない。アメリカにおいても、M&Aという表現ほど一般的ではないにせよ、M&A&D（Dは分割〔Divestiture〕を表す）という表現がなされている。

　企業結合を考えるうえで忘れてならないことは、企業結合が効率性の向上を狙って行われるものであるがゆえに、企業運営の妨げになる少数株主の排除という問題が常につきまとってくることである。企業結合と少数株主の排除は、目的と手段の合理性を判断するうえでは本来分離して検討すべきであるが、実際には密接な関係を有しているのである。

2　株式交換制度導入の意義

　株式交換とは、合併に準じた手続によって、対象会社（被交換会社）の株式全部を買収会社（交換会社）が取得するものである。この際、対象会社の株主に対しては、交換の対価として、買収会社の株式が交付される。

　この制度が導入されることになった契機は、平成9年の独占禁止法の改正

による純粋持株会社の解禁である。従来の法律の枠内では、持株会社組織に移行しようとする会社は100％子会社に営業の全部を譲渡し、抜け殻となる方式が最善の手段であると考えられてきた。しかし、抜け殻方式では、資産や負債を子会社に引き継がせるための手続が実務上は大きな障害となってくる。個々の対抗要件を具備することも面倒であるし、抜け殻となる本体を完全に免責させて子会社に債務を引き継がせる（免責的債務引受）には債権者の同意が必要であり、これが常に得られるとは限らない。債権についても、根抵当権を有する場合に、その移転には根抵当権設定者の同意が不可欠である。さらに、この営業譲渡に際して、受け皿として新たに設立される子会社の方で、検査役の選任が必要となる場合が多く、これが手続を煩雑にするとともに実行を遅延させると危惧されていた。

　以上の点からみても、株式交換を活用することにより、少なくとも商法の面では、既存の会社が持株会社組織に移行することが格段に容易になった。

　とはいえ、持株会社組織の形成だけに目を向けるべきではなく、株式交換制度の導入は、企業買収手法の多様化を図るという文脈に位置づけるべきである。実務界では、例えばA社とB社が直接合併をすると、どちらの会社が存続会社の社長になるかなどの非生産的な配慮が必要となるし、会社の風土の違いをどのように融和させるかという困難な問題が生じるとされてきた。しかし、株式交換による買収では、100％子会社として存続するのでこうした問題は解決できる。

　従来わが国においては、合併や営業譲渡のように、対象会社の資産を取得する形での企業買収手法（資産融合型の企業結合）は相当に整備されてきていた。ところが、対象会社の株式の全部を取得する形での企業買収（株式取得型の企業結合）は、整備されてこなかった。

　もちろん、既存の株式公開買付を利用して、対象会社の支配株式を取得することは従来から可能であるが、公開買付が行われていることを知らない株主も少なからず存在するであろうし、知っていても嫌がらせ（高値買取）の意図から提供しようとしない株主もいるかもしれないし、そもそも誰が株主なのかが確定しない株式も存在しているのが通例であろう。このような事情から、現実的には、全ての株主から株式の提供を受けることは困難な場合が多い。

一般的に言っても、従属会社に少数株主が存在すると効率的なグループ会社経営の妨げになる恐れがあるが、公開買付による支配権獲得に反対していた株主が残る場合には、そのような危惧が一層現実的で大きいものになる。この意味で、株式交換制度が導入され、実際上の懸念を払拭できることは意義深い。

さらには、経営不振の企業の再建という観点から、株式交換制度を積極的に位置づけることもできよう。従来のように合併によるならば、対象会社が簿外債務や偶発的債務を負っているというリスクを完全に遮断することはできない。そこで、株主有限責任を活用した株式取得という手法が魅力的にもみえるが、株式を部分的に取得するだけでは、救済行為に経営不振会社の少数株主がただ乗りしてしまうことになる。例えば、経営不振会社の株式を70％取得しただけで再建に乗り出した場合を考えよう。仮に100億円の救済資金を投入すると、そのうち30億円分は残りの30％の株式を所有する株主に流れてしまうことになる。首尾よく再建に成功して、経営不振だった企業の価値が1,000億円増加したとしても、救済に乗り出した会社は600億円（1,000億円×70％－100億円）の利益を得るだけで、残りの30％の株主は、労せずして300億円分の利益を棚ぼた的に受け取ることになる。これは、一種のただ乗り（フリー・ライド）である。

このような状況下では、救済を試みた会社側の役員の責任が問われることになる。なぜならば、上述の例では、100億円を投入すること自体が、30％の少数株主が受益する30億円を捨てるのと同じと受け取られかねない。再建が成功した場合ですら、投入した資金と再建に失敗するリスクとに見合ったリターンを得られない可能性がより大きい。より正確に言えば、結果的に再建に成功したか失敗したかでなく、救済に乗り出した会社の経営陣が、妥当な投資分析をしたと主張できるかどうかが問題なのである。

このような危惧も、経営不振会社の株式の全部を取得しておいて、少数株主にただ乗りされないようにしておけば、相当程度に避けることができる。

もちろん、再建の見込みの全くない会社を株式交換によって買収することは厳に慎むべきであり、買収側の経営者が大きなグループ企業という虚像に酔いしれることを認めるべきではない。しかし、経営不振の会社の経営陣を刷新することなどによって、それを再建する可能性があると判断されるなら

ば、株式交換を活用した積極的な救済が期待できる。

3　現時点での新しい動き

(1) 企業分割法制

　結合企業法制に関しては、現時点でさらに新しい動きが芽生えている。
　一つは、かねてから議論があった企業分割の方法である。企業分割についての法制度が整えば、企業の離合集散を柔軟に行うことができることになろう。株式交換制度を導入する政策的な理由は、前述のように持株会社組織の形成という企業の結合にあるが、他方で、企業の部局を本体とは別組織に分離する仕組みもまた必要とされる。ここでもまた、抜け殻方式に準じた方法が考えられてはいるが、それでは上述の問題は全て残されたままになる。
　企業分割法制については、法制審議会でも議論の対象とされているところであり、政府は商法改正を可能な限り前倒ししていく意向のようである。抜け殻方式も、現物出資や財産引受や事後設立といった類型に商法上は組み込まれることになるが、基本は営業の一部の譲渡である。実務界では、検査役の選任を不要として欲しいという希望があるとも聞くが、これをそのまま受け入れてよいかどうかは、慎重な考慮が必要となるであろう。
　資産や負債の移転手続に関しては、ドイツなどでは、包括承継を伴った企業分割を可能とする法制度が整備されている。わが国でも、このような法制度を参考に検討が進んで行くであろうか。ただ、合併についてみると、そもそも英米法では、包括承継という単語に的確に照応する用語が存在しないことからも、理論的に当然に導かれる制度というよりは、一定の政策判断を基礎として存在し得る制度である。わが国などにおいて、合併に関する包括承継が政策的にも支持されやすかった背景には、消滅会社の資産や負債の全部が存続会社に移転されて、消滅会社が清算手続を経ずに消滅するという事情がある。
　企業分割においては、単に権利や義務の移転手続を簡便にする以上に、どのような工夫をなし得るものか、実務界と学界の英知を結集する必要があろう。わが国の合併法制は、世界的にも債権者保護手続が厳しいと評価されているところであるが、例えば、これに準じた形で債権者保護手続を定めた上で、免責的債務引受を認めていくという工夫が可能であるようには思われる。

あるいはまた、従来はあまり参考にされてきてはいないが、イギリス法のように債権者にも議決権を与える形で、企業分割を現在よりは効率的に行うことができるようにすることも可能であるかもしれない。もっとも、イギリス法をそのまま真似ても、本国ですら活発に利用されているものではないから、わが国への導入に際しては、もう一工夫を凝らすことが必要ではある。イギリス法が債権者保護を世界的にも特異なほど重視しているという点を強調するならば、わが国では、イギリス法の企業分割の枠組みを、比較的柔軟な形で導入することができるかもしれない。

(2) MBOのための法整備

もう一つの動きは、いわゆるマネージメント・バイアウト（MBO）に関するものである。通産省はMBO研究会を設置し、平成11年4月には、「我が国におけるMBO導入の意義とその普及に向けての課題」と題する提言を取りまとめている。例えば成熟した子会社をその役員等に売却する事例を考えると、実際上の問題は買収者の資金調達の方法である。

この点、買収者が取得した子会社株式を担保に提供するという方法も、アメリカなどでは示唆されてはいる。ただ、この方法であると、債権者（担保権者）は、対象会社の資産等を直接的に担保にとっている訳ではなく、配当が行われた段階で他の債権者に対して優先権を主張できる可能性があるにとどまる。

このような難点を避けようとすれば、当該子会社の資産や将来のキャッシュ・フローを担保に入れることが考えられる（レバレッジド・バイアウト（LBO））。しかしながら、少数株主が存在している場合に、買収者がそのように自分勝手な行為をできるかが問われる。紛争の種を最小限に抑えるには、買収者が当該子会社の株式を全部取得してしまうことである。この点からも、少数株主を排除するための方策について、着実かつ迅速な検討がなされるべきである。

例えば、買収主体が株式会社である場合には、株式交換制度を利用して、対象会社の少数株主を買収主体で受け入れることが可能である。ただ、MBOの場合には、買収主体が株式会社であるとは限らないし、これを実施した役員等は自分の思い通りの経営をしたいと欲したいと願うであろうから、

少数株主を完全に排除することを切望するであろう。少数株主に対して現金等を支払って、当該企業から完全に排除する方法については、次項で私見を示すことにする。

4 今後の課題

(1) 検討の手がかり

わが国の企業結合法制を鳥瞰してみると、他国との比較において、まだまだ改善の余地があるように思われる。効率的な企業活動を支えるための法制度は、個別の目的に応じた企業結合手法を用意しておく必要があろう。

より具体的に言えば、MBOの活性化への動きにも象徴されるように、当面の課題としては、買収主体の種類の問題と少数株主の排除（締め出し）の問題があるように思われる。

(2) 企業買収の主体の種類

買収主体については、合併においても、株式交換においても、それが会社であることが前提とされているが、自然人であれ、その集合体であれ、買収の主体となり得るような法整備が必要であろう。アメリカの模範事業会社法に関しては、合併の当事者は会社でなくてもよく、パートナーシップなどであっても実行可能であるように、改正作業が進められているところである。わが国でも近時の改正で、合併が可能な会社の種類の組み合わせが拡大されたが、会社でない当事者との合併をも視野に入れた検討が必要になろう。

(3) 持株会社とコーポレート・ガバナンス

少数株主の排除に関しては、排除される株主の利益に最大限の配慮をしつつも、より効率的な企業運営を可能とさせるという視点から、大胆な政策判断がなされるべきである。

かねてから議論がなされているように、株式交換が実施されて、既存の会社が持株会社組織に移行すると、従来の株主は持株会社の株主になり、持株会社の100％子会社となった従来の会社に対しては、株主の権利を直接行使することはできなくなる。これが、株主権の縮減といわれる問題である。縮減された権利をどの程度回復するのが妥当か、どのようにして回復すべきか

については、見解が分かれている。

　この点は、より広い視野から、結合企業にも単体の企業にも通用するコーポレート・ガバナンスの枠組みが探られるべきである。このような視点からは、例えば、業務検査役制度を拡充していくことが必要であろう。裁判所によって選任された検査役には、当該会社に限らず、関係会社に対しても検査を行うことが期待されるからである。検査役には弁護士などが選任されるから、検査を受ける会社としても、株主が直接乗り込んで来る場合よりも、企業機密はしっかりと維持されるであろうから、負担は少ないと考えられる。

(4) 強制買取制度

　立体的な企業買収手法の構築の一環としては、イギリス法系の国々（イギリス、カナダ、オーストラリアなど）で盛んに利用されている強制買取制度の導入が望まれる。強制買取とは、対象会社の株式全部を取得することを目的として第一段の公開買付を行い、利害関係のない対象株式の90％ないし95％の提供を受けたならば、先の公開買付と同等の条件で、提供に応じなかった株主からも強制的に株式を買い取ることができる制度である。提供に応じなかった株主には、いろいろなタイプが考えられる。買付価格が魅力的であると判断しつつも、いやがらせ的にもっと有利な対価を得ようと試みた者も存在するであろうし、他方で、公開買付が行われていることに気づかなかった者、気づいていても相続等で所有関係が混乱しており公開買付に応じることができなかった者も含まれるであろう。

　強制買取制度が導入される際には、買取の対価は株式（持分）に限られず、現金等も許されるべきである。とすれば、買収主体は株式会社に限定されることもない。また、対象会社の株主は、第一段公開買付に応じなかった場合、その後に強制買取によって排除される事態を想定せざるを得ないから、公開買付価格を素直に評価して、持株を提供すべきか否かにつき、態度を決定することになるであろう。このような法制度の下では、いわゆるホールド・アウト問題（抱きかかえ問題）が穏健な形で回避されることに注目すべきである。

(5) その他の手段による少数株主の排除

　株式強制買取制度の導入とともに、既存の企業合併・買収の過程でも少数

株主を排除することを可能とすることが必要であろう。よく知られているように、アメリカにおいては、少数株主に現金等を払う形での合併も許されている。わが国においても、同趣旨の解釈論が有力に展開されているところではあるが、合併のための債権者保護手続が資本減少のためのそれよりも緩和されたことから、このような議論を解釈論として主張することは、一段と困難になったように思われる。

　より根本的には、解釈論として合併の対価を柔軟化するならば、わが国の裁判制度の下では、少数株主の保護が弱体化するように思われることである。というのも、わが国は伝統的に制定法主義をとってきており、英米法のような衡平法による少数株主の保護を期待することはできないし、抑圧された少数者の利益を守るために裁判所に広範な裁量権を与えるという制定法の規定も有してはいないからである。

　もっとも、このような主張も、立法論として考えるときには、非常に魅力的なものである。法律で明確な手続を定めた上で現金等の利用を認めるならば、その実益は弊害を遙かに越えるものになり得るであろう。この点で参考にされるべきであるのは、カナダ法、とりわけオンタリオ州の法制度である。そこでは、対象会社の情報開示が徹底的になされ、独立した評価人の判断が株主に対して提供され、しかも、株主の排除（カナダではこれをゴーイング・プライベートと称する）について買収者と利害関係がない株主（少数株主）の多数決による承認を明文の規定で要求した上で、少数株主の排除を認めている。

　なお、とりわけ合併については、株主に対価として現金を支払う方式をわが国でも認めてよいかが議論されるようになっている。以前は消極的な見解が伝統的な通説であったように思われるが、最も消極的であった筆者ですら、上述のような主張するようになっている。これが学界等での議論状況を正確に示したものでは必ずしもないが、MBO に関する議論に現れているように、少数株主の排除という実務界のニーズは理解されつつある。一定の歯止めを設けることを前提としつつも、そのようなニーズにこたえることが商法としても必要であると考える見解が強くなっているように思われる。

　注意を要するのは、全体で均整のとれた企業結合法制を構築していくべきことである。実務界からの具体的な要望にこたえる必要があることは当然であるが、アドホックに法整備を捉えて、MBO をするためにはこれが必要で

あるといった形で議論を継ぎ足していくことには賛成できない。

(6) 少数株主排除の諸手段の役割分担

　カナダ法を参考にして、合併等による少数株主の排除と強制買取制度との関係についてみると、両者が協同関係にあることが興味深い。前者は後者に比べて必要な賛成株主の比率が低いが、この点は、質の高い情報開示や独立した評価人の判断といった形で手当がなされている。他方で、後者は賛成の比率を高くした分、裁判所の介入によって、強制買取の実施が妨げられる可能性を減らそうとしているのである。買収者は、その時々の状況に応じて、目的に適った手法を選択することができる。このように買収者に選択権を与えても、対象会社の株主の保護が堅持されていることを忘れてはならない。

　どちらも、提供される対価につき不満を持つ投資家には、各自の評価を下回る対価しか与えられない。しかしながら、そのような事態が生じるとしても、資本市場の中核は損なわれないと評価してよかろう。資本市場は、売りたいと思う投資家と買いたいと思う投資家の自発的な意思の合致したところに存在するものであり、強制の契機は本来、なじまないものである。カナダ法に学びつつわが国でも両制度を導入すれば、このような資本市場の中核を害することなく、効率的な企業運営を可能とすることができよう。投資家がいくら高く自己の株式を評価していても、所詮はその値段で買ってくれる投資家が存在しない限り、単なる希望的な観測の域を出ていないと評し得るからである。

(7) 少数株主の排除と企業結合

　既に述べたように、LBOのような企業買収を行うためには、少数株主の排除が大きなカギになってくる。その際に、少数株主の排除を端的になし得る手段を設けることにも一理あるように思われる。行為の目的と手段との合理性が比較的明確に検証できるからである。その意味では、株式の併合、さらには合名会社などでは認められている除名といった仕組みもまた、検討が必要であろう。

　企業結合ないし企業買収と少数株主の排除とは、実務的に密接な関係があることは繰り返し述べるまでもない。理論的にみても、いったんは分離・独

立して検討することが必要であるが、有機的に関連させた法制度を構築していくことが何よりも必要であると考える。

5 結語

わが国においては、資本コストを下回る収益しか上げていない企業も少なからず存在する。企業の余剰資金ないしフリー・キャッシュ・フローは、時価会計制度の導入によって無視できない問題となり、現に株式の持合の解消という動きもみられるようになった。持合が崩れれば、これまでわが国で稀有であった敵対的企業買収が、いよいよ現実的になる環境が生み出される。

経営者には、敵対的企業買収も活用して、能動的に戦略的なグループ経営を行うことが期待される。とは言え、短期的な利益のみに目を奪われることがなく、わが国のよき慣行によって得られてきた企業や社会の利益にも、十分な配慮がなされるべきであろう。

買収方法という視点から今後の企業結合法制の課題について論じてきたが、このような議論の源泉にあるのは、資本多数決と株主間の利害調整という会社法で最も理論的に難しい問題の一つである。企業結合法制という具体的なテーマに関する議論が広く展開されつつも、この核心にある課題についての考察が深められることを期待したい。

第3章 持株会社

1 持株会社の解禁

持株会社とは、他の会社の株式を保有することを通じて、傘下の会社（子会社）を支配することを目的とする会社をいう。

わが国でも、第二次世界大戦前には、財閥が持株会社を活用していた。戦後の占領下において、GHQは、財閥の解体を命じるとともに、独占禁止法を制定するように促した。持株会社の設立を禁止したのは独占禁止法9条である。平和主義をうたった憲法9条とともに、わが国の戦後を象徴する「2つの第9条」として不可侵であると考えられてきた。

戦後も半世紀が経って、2つの第9条は大きな変動を受けた。憲法9条については、自衛のためとはいえ、わが国は高度の戦闘力を有するに至った。独占禁止法9条についても、持株会社組織が経営効率上も優れたものであるとして、解禁論が強力に唱えられるようになった。そして、平成9年には、ついに独占禁止法9条が改正され、持株会社の設立が認められた。

2 持株会社組織の作り方

(1) 商法の改正

持株会社が解禁されたものの、わが国の商法は、持株会社組織を作り出すための便利な手法を十分には用意してはいなかった。そこで、平成11年には株式交換と株式移転制度が、平成12年には会社分割制度が導入された。

(2) 株式交換と株式移転

株式交換とは、当事会社の一方が他方の発行済株式総数を有する会社（完全親会社）となる取引をいう（商法352条1項）。H社がA社の発行済株式総数を取得したいと思えば、所定の手続を経て、H社はA社を完全子会社（100％子

会社）にすることができる（商法353条）。A社の株主は保有するA社株式をH社に移転させ、それと引き換えにH社株式を受け取る。H社が次々に株式交換によって完全子会社を増やしていけば、H社は持株会社として機能するようになる。

持株会社を作ることに目的を特化させたものが株式移転である（商法364条1項）。A社とB社は、川上に、完全親会社である持株会社Hを設立することができる。A社とB社の株主は保有する株式をH社に移転し、その代わりにH社の株式を受け取る。A社が単独で株式移転を行いH社の完全子会社となった上で、持株会社になったH社が次々に株式交換を利用して傘下の子会社を増大していくこともできる。

株式交換と株式移転の導入によって、何から何まで一体化してしまう従来の合併という方式ではなく、当事会社が独自の法主体として残ったままで株式所有によって結合する方式を採ることが容易になった。株式交換や株式移転においては、変化が生じるのは株式の帰属先だけであって、当事会社の中身に影響は表れない。この点は、企業結合を推進する上で大きな利点となり得る。合併の場合には、誰が存続会社の社長になるかという具合に人事で工夫をしなければならず、社風の違いを融和させるために時間がかかり、また労働条件も均一にしなければならないといった課題が生じるからである。

(3)　会社分割による持株会社の創設

会社の分割とは、会社（分割会社）の営業の全部または一部を、新しく設立した会社（新設会社）または既存の会社（承継会社）に承継させる取引である。新しく設立した会社に承継させる場合を、新設分割という（商法373条）。既存の会社に承継させる場合を、吸収分割という（同374条ノ16）。

新設分割を用いれば、既存のH社を持株会社に移行することができる。例えば、H社が既存の営業を新設のA社とB社にそれぞれ承継させ、営業の対価としてA社とB社の全株式の割当てを受ける（物的分割）。H社はA社とB社とを完全子会社として傘下におさめた持株会社になる。株式交換や株式移転では複数の会社が当事会社となり持株会社組織になろうとするのに対して、新設分割では1つの会社が複数の子会社を有する持株会社に変容する。

(4) 子会社の再編

　A社とB社とが株式交換や株式移転を用いて、H社を頂点とする持株会社組織を作ったとしよう。ところが、A社とB社とで事業の内容に重複があったりすると、効率的な運営が妨げられることになってしまう。このような場合には、重複する部門を一方に集中することが望ましい。

　これを実行するためには、吸収分割を用いるのが簡便である。A社の営業の一部をB社に承継させればよく、営業の対価はB社株式となる。B社株式の割当てをA社の株主であるH社が受ければ（人的分割）、H社の傘下に完全子会社のA社とB社が置かれるという状況が維持される。

3　持株会社組織のコーポレート・ガバナンス

　持株会社組織を活用しようとする動きが経済界でも強くなっている。これに照応して、持株会社株主と子会社の株主の利益をいかにして確保するかが問われる。ここでは、課題の一部を提示する。

　子会社が完全子会社である場合に、その運営の適法性と効率性をどのようにして確保するか。取締役は株主総会によって選任されなければならないが（商法254条1項）、子会社の取締役については持株会社の取締役が事実上の選任権を有する。子飼いの者を子会社取締役として選任することになるから、子会社取締役に非行があった場合にも目こぼしがなされる可能性が残る。そこで商法は、平成11年の改正で、持株会社の株主に対して、一定の条件のもとで子会社の情報を直接入手することができる権利を与えた。取締役会の議事録（商法260条ノ4第4項）や会計帳簿（同293条ノ8）などの閲覧権である。ただ、子会社取締役の非行を発見したとしても、持株会社の株主は、持株会社の取締役と監査役の善処を期待することになる。子会社取締役の責任を直接追及することはできないと考えられているからである（商法267条参照）。

　子会社に持株会社以外の株主がいる場合には、この少数株主の保護をいかにして図るかが問題となる。持株会社は子会社の取締役に対して法律上の指揮命令権を有している訳ではないが、選任権や解任権を通して、事実上の支配を及ぼすことができる。子会社の取締役が持株会社の利益を尊重して子会社に損害を与えた場合に、子会社の少数株主はどのような対応ができるか。子会社の取締役の責任を追及することは可能である。ただ、子会社の取締役

の個人資産には限度があるから、十分な賠償を受ける保障はない。そこで、持株会社に対して、不適切な指揮や命令を行っていたことを理由に、損害賠償請求をすることができないかが問題となっている。理論構成としては、持株会社を子会社の事実上の取締役とみる考え方や持株会社に不法行為に基づく損害賠償責任（民法709条）が生じるとみる考え方などが示されている。

4　持株会社と労働問題

　持株会社組織は、労働法上の問題点を幅広く顕在化させる。現実に立法による手当てがなされた部分についてのみ、簡単に紹介する。

　平成12年の商法改正による会社分割制度の導入にあたっては、労働者の保護が強く意識された。労働者が幾つもの会社に分断されていき、また各人がどのような処遇を受けるかが懸念された。この改正法の附則においても、分割会社は、分割に伴う労働契約の承継に関して、労働者と事前に協議をしなければならないと定められた（平成12年改正附則5条1項）。

　のみならず、「会社の分割に伴う労働契約の承継等に関する法律」が、平成12年商法改正法と同日に制定された。労働者には、各人の労働契約が会社分割における承継の対象として予定されているかが事前に通知される（同2条）。承継される営業に主として従事している労働者については、承継の対象として予定されていなくても、異議を述べれば、その労働契約を新設会社または承継会社に承継させることができる（同4条。同3条参照）。それ以外の労働者については、労働契約が意に反して承継されることはない（同5条）。労働協約の承継についても、一定の措置が講じられている（同6条）。

5　企業再編と企業社会

　税制の整備とともに、企業再編は今後さらに加速するであろう。経営の効率性を向上させることは必要であるが、その美名のもとで、力のない株主の利益が犠牲になったり、労働者の保護が損なわれたりしないように注視する必要がある。終身雇用と年功序列という日本的慣行のうち、後者は歴史的使命を終えたのであろうが、前者は良き慣行として維持していくべきである。

第Ⅰ部　実践のための視座

第4章　買収防衛に関する会社の基本方針

1　はじめに

　平成18年2月7日に公布された会社法施行規則127条によれば、株式会社が財務および事業の方針の決定を支配する者のあり方に関する基本方針を定めている場合には、所定の事項を事業報告の内容としなければならない。

　規定上は、「基本方針を定めている場合には」と表現されており、基本方針を定めていない会社は事業報告での開示を要しない。しかし、敵対的買収の対象となる可能性が低い会社を除けば、何ら基本方針が存在しないと言い切れるものか、定かではない。事業報告で基本方針を述べておかないと、有事導入型の防衛策を講じたときに、差止め等の裁判で不利になるとの指摘もある。

　敵対的買収事例の増加とともに（図1参照）、どのような基本方針から、防衛策を導入するのか否か、導入するならば、どの防衛策を導入すべきかが、各社で真剣に議論されている。

●図1　最近の敵対的買収事例

買収側	防衛側	ホワイト・ナイト
夢真ホールディングス	日本技術開発	エイトコンサルタント
楽天	TBS	
M&Aコンサルティング	阪神電鉄	阪急電鉄
M&Aコンサルティング	松坂屋	
ドン・キホーテ	オリジン東秀	イオン

第4章　買収防衛に関する会社の基本方針

● 図2　買収防衛策を巡る主な動き

日　付	団体等	提言等
2004/09/16	内閣府経済社会総合研究所 M&A 研究会 (座長：落合誠一教授)	わが国企業の M&A 活動の円滑な展開に向けて
2005/03/11	東京地裁	ニッポン放送事件決定(仮処分命令)
2005/03/16	東京地裁	ニッポン放送事件決定(仮処分決定認可)
2005/03/23	東京高裁	ニッポン放送事件決定(保全抗告棄却)
2005/04/21	東京証券取引所	敵対的買収防衛策の導入に際しての投資者保護上の留意事項
2005/05/27	経済産業省企業価値研究会 (座長：神田秀樹教授)	企業価値報告書
2005/05/27	経済産業省＝法務省	企業価値・株主共同の利益の確保又は向上のための買収防衛策に関する指針
2005/06/01	東京地裁	ニレコ事件決定(仮処分命令)
2005/06/09	東京地裁	ニレコ事件決定(仮処分決定認可)
2005/06/10	証券保管振替機構	株式分割の効力発生日についてのお願い
2005/06/15	東京高裁	ニレコ事件決定(保全抗告棄却)
2005/07/07	自由民主党総合経済調査会企業統治に関する委員会	公正な M&A ルールに関する提言
2005/07/29	東京地裁	日本技術開発事件決定(差止仮処分申立却下)
2005/11/10	経済産業省企業価値研究会	公正な買収防衛策のあり方に関する論点公開～買収防衛策に関する開示及び証券取引所における取扱いのあり方について～
2005/11/22	東京証券取引所	買収防衛策の導入に係る上場制度の整備等について(要綱試案)
2005/12/02	日本経済団体連合会 M&A に関する懇談会	東京証券取引所「買収防衛策の導入に係る上場制度の整備等について(要綱試案)」へのコメント
2005/12/09	金融庁金融審議会金融分科会第一部会公開買付制度等ワーキング・グループ (座長：岩原紳作教授)	公開買付制度等ワーキング・グループにおける論点の整理
2005/12/15	経済産業省企業価値研究会	企業価値基準を実現するための買収ルールのあり方に関する論点公開
2005/12/22	金融庁金融審議会金融分科会第一部会	公開買付制度等ワーキング・グループ報告～公開買付制度等のあり方について～
2006/01/24	東京証券取引所	買収防衛策の導入に係る上場制度の整備等について(パブコメ)
2006/02/21	東京証券取引所	買収防衛策の導入に係る上場制度の整備等に伴う株券上場審査基準等の一部改正
2005/03/10	内　閣	証券取引法等の一部を改正する法律案(閣議決定)
2006/03/13	内　閣	証券取引法等の一部を改正する法律案(国会提出)

第Ⅰ部　実践のための視座

2　会社法制の基本枠組み

(1)　序　説

会社が基本方針を定めるにあたっては、会社法制の枠内で各社が知恵を絞ることになる。

会社支配に関する会社法制の正確な姿を把握することは、実は、そう簡単ではない。裁判によって一定の審査基準も示されているし、その裁判所の決定にあたっては、行政の指針が時期的にも関係しているとされる。

法律事務所などの防衛策の設計者たちが、関係省庁（金融庁、法務省、経済産業省、国税庁）や自主規制機関（証券取引所など）との調整を図ったりと、広い範囲の関係者の考え方や動きが複雑に交錯しているのが現状のようである（三宅伸吾『乗っ取り屋と用心棒』（日本経済新聞社、2005年）参照、図2参照）。

(2)　2005年の裁判例

2005年は、敵対的買収に対する防衛策の適法性が3件も裁判所で争われた。いずれも、防衛策の導入に際して差止めの仮処分が申し立てられた事例である。

①　ライブドア対ニッポン放送事件　　ライブドア対ニッポン放送事件においては、有事導入・有事発動型の防衛策として、新株予約権の第三者割当が試みられたが、不公正発行にあたるとされ、差止めの仮処分が命じられた（東京地決平成17年3月11日、東京地決平成17年3月16日、東京高決平成17年3月23日）。

伝統的な主要目的基準の枠組みが採用されてはいるが、実質は、米国デラウェア州最高裁で確立されたユノカル基準を用いたものと理解することができる。対象会社の取締役会は、企業価値または株主共同の利益を害する恐れのある濫用的買収者に対しては、手段において合理的な対抗策を講じることが許される。

②　ニレコ事件　　ニレコ事件では、英国領ケイマン島の投資ファンドが、ニレコが導入しようとした平時導入・有事発動型の新株予約権の発行について、差止めの仮処分を求め、裁判所で差止めが命じられた（東京地決平成17年6月1日、東京地決平成17年6月9日、東京高決平成17年6月15日）。

ニレコは、既存の株主に新株予約権を割り当てようとした。裁判所は、割

当後に株式と新株予約権が別々に流通することを問題視した。米国のライツ・プランでは標準的に備わっている随伴性が欠けているために、割当後の市場の価格形成に悪影響を与え、既存の株主を害するものであり、許されないとされた。

③ **夢真HD対日本技術開発事件**　夢真ホールディングス対日本技術開発事件では、事前警告型の平時導入・有事発動型の防衛策（大規模買付ルール）の是非が争われた。

本件では、日本技術開発の株主に情報と熟慮期間を求める事前警告の中身が適切であると判断され、警告に従わなかった夢真ホールディングスに一定の負担を課する株式分割も手段において相当であると判断された（東京地決平成17年7月29日）。平時発動の防衛策が裁判所で許容された最初の事例である。

以上の諸決定から、裁判所は、支配争奪の場面において、対象会社の現経営陣に支配の行方を判断させることに懐疑的であることが分かる。支配争奪時に対象会社の取締役が、一方で会社の利益を守るためと説明しながら、同時に、防衛策は常に自己保身の契機を含んでいるという否定できない事実に、裁判所は警戒心を隠さない。平時導入型であっても、有事発動時に自己保身の契機をできる限り抑えた設計を期待する。

(3) 買収防衛指針

以上の一連の裁判の時期は、行政庁や自主規制機関が積極的な対応を始めた時期と重なっている。

例えば、経産省の企業価値研究会では、2004年9月から、敵対的買収の功罪と防衛策のあり方について、議論が進められてきていた。そして、2005年5月27日に、「企業価値報告書」が取りまとめられた。この報告書では、信託型ライツ・プランと事前警告型防衛策に、お墨付きが与えられた。企業価値研究会では、大手の法律事務所に属する委員も活躍しており、「三大法律事務所の営業現場のようだった」と振り返る出席者もいたという（三宅・前掲書209頁参照）。

最終段階では、法務省との協議がなされ、同日、経産省と法務省とが共同して策定した「企業価値・株主共同の利益の確保又は向上のための買収防衛

策に関する指針」が公表された。ここでは、ニレコ型の防衛策が、明確に否定された。当初、ニレコを上場させているジャスダック証券取引所は、投資者に対して注意を喚起するに留まっていた。裁判所は、買収防衛指針を踏まえて、自らもニレコ型に対して否定的な見解を示した。

　買収防衛指針は、内容的に見ても、防衛策を積極的に認めようとする経産省と、それに消極的な法務省との折衝の中で生まれたものであると推察される。

　となると、裁判所が、この指針を防衛策が満たすべき最低限の基準と判断する可能性も高い。指針に適合していても安心とは言い切れないが、最低でも指針の基準を満足する防衛策でなければ、実務としては、導入すべきでないと判断することになろう。

(4) 防衛策の設計の精緻化

　防衛策の開発は、驚くべき速度で進んでいる。導入時には最適な設計でも、会社法が施行されれば、一気に陳腐になる可能性もある。実際、公表される防衛策には、見直しの可能性があるとの留保が付けられることが多い。

　このような状況においては、防衛策を導入するのであれば、優秀な弁護士等の協力が不可欠である。実際に発動する場面でも、そのような助言者がいなければ、上手に活用することもできない。

　この分野に秀でた弁護士は少ないから、防衛策を導入するか否かはともかく、高名な弁護士や法律事務所をリテインしようとする動きが出るのかもしれない。敵対的買収が盛んになった頃の米国においては、防衛を得意とする事務所には、防衛策の助言の依頼が殺到し、攻撃を得意とする事務所には、潜在的な敵の応援に回ることがないように、顧問の依頼が殺到するという時期もあったらしい。

　攻撃側にも最大限の武器を保障し、防衛側にも最大限の武器を保障し、そのような形での武器対等を実現しようとするのならば、専門家の奪い合いも、自由競争の一部であるといえよう。開拓時代の西部劇さながらの競争を、米国は今でも、敵対的買収の局面で実践している。

第4章 買収防衛に関する会社の基本方針

3 証券規制のあり方

(1) 序説

会社支配に関する法的枠組みでは、攻防の武器対等を実現することが不可欠である。ただ、米国流に、両者に最大限の自由を与え、個々の会社の工夫に期待する制度枠組みが望ましいのかについては、疑問の余地がある。英国流に、両者に限られた武器のみを与え、厳格なルールの下で競わせるのも一案である。

英国の伝統を引き継ぐカナダ法が大いに参考になると考えられる。カナダにおいては、英国のシティのように威厳のある自主規制機関がある訳でもないし、仮にあったとしても、買収関係者が敬意を払うかは疑問である。他方で、人々は争いを好まず、法という道具を用いて、紛争処理に要する費用を避けることを尊ぶ。

(2) 行政と立法の対応

敵対的買収の法的枠組みを整備する上で、立法と行政の役割が重要である。

経産省の企業価値研究会は、2005年9月に活動を再開して、① 公正な買収防衛策の確立、② 公開買付制度など買収ルールの見直し、③ 経営者と株主・投資家の対話の充実という3つの柱について、検討を進めていった。①については、同年11月10日、「公正な買収防衛策のあり方に関する論点公開」が公表された。また、②については、同年12月15日、「企業価値基準を実現するための買収ルールのあり方に関する論点公開」が公表された。

このうち、①は、証券取引所の上場制度の整備等に連なっていった。健全な証券市場を維持するという視点からは、発行会社が不適切な証券を発行することにより、上場株式等の値付けが不安定になってはならない。また、上場会社である以上、相当程度に資本の論理に身を任せるという判断をしたのであるから、敵対的買収を過度に抑制してはいけない。企業価値研究会は、拒否権付優先株などの黄金株に対して、それほど警戒していないようであり、批判的な検証が必要であろう。

また、②については、金融庁の公開買付制度等ワーキング・グループでの検討に影響を与えたのであろう。一つの区切りは、2005年12月9日に作成さ

第Ⅰ部　実践のための視座

れた「公開買付制度等ワーキング・グループにおける論点の整理」である。そして、同年12月22日には、最終報告書が完成をみた。金融庁金融審議会金融分科会第一部会「公開買付制度等ワーキング・グループ報告」である。これを受け、また昨今のライブドア事件後の自民党による検討を踏まえて、証券取引法改正案が、2006年3月10日の閣議決定を経て、同年3月13日に国会に提出された。

　経産省の企業価値研究会にしても、金融庁の公開買付等ワーキング・グループにしても、防衛策の開発競争を否定的に捉えるものではないように見受けられる。武器対等という視点からは、攻撃側の制御が難しいならば、防衛側に寛容であるという姿勢は、辻褄の合う話ではあろう。

(3)　東京証券取引所の対応

　企業価値研究会の見解を踏まえて、東京証券取引所は、上場制度の整備等について、着実に検討したようである。2005年11月22日には、「買収防衛策の導入に係る上場制度の整備等について（要綱試案）」を公表し、2006年1月24日には、「買収防衛策の導入に係る上場制度の整備等について」を意見照会に付した。最終的な成果は、2006年2月21日、「買収防衛策の導入に係る上場制度の整備等に伴う株券上場審査基準等の一部改正」で示され、既に施行されている。

　東京証券取引所は、当初から、企業価値研究会の防衛策に対する寛容な姿勢に対して、証券市場の担い手としての気概に満ちた整備を目指していたように思われる。ただ、最終的な基準等の改正までには、子会社に拒否権付種類株式を発行させる形での防衛策は、持株会社である上場会社のみが規制の対象になっているようでもあり、外観上は規制の緩和も見られるが、実質的な姿勢の変更はないのであろう。

　上場会社からの意見として、日本経済団体連合会M&Aに関する懇談会が2005年12月2日に提出した「東京証券取引所『買収防衛策の導入に係る上場制度の整備等について（要綱試案）』へのコメント」が注目される。会社法制の現代化の大きな目玉である合併等の対価の柔軟化にしても、敵対的買収に拍車をかけるのではないかと懸念され、会社法の全体から1年遅れで施行されることになった。外資による買収に焦点があったようでもあり、その点

は必ずしも論理的ではないが、攻撃側に強力な武器を与えることは間違いない。そうなれば、防衛側に回った場合でも、会社法で使えるものは、実際にも使えるようにしたいと願ったとしても、ごく自然な発想である。

会社支配市場（敵対的買収により会社の支配権を争奪する市場）を巡る健全な法的枠組みを設計する際に、最も機能を発揮すべきであるのは、本来、立法府である国会にほかならない。

この点の整備が十分に行われるまでは、各社において最大限の自衛が必要と判断するのも無理のないことである。ただ、防衛策を導入する会社においては、証券取引所のルールを遵守するだけではなくて、証券会社等の市場の声に近い助言者の言葉にも、耳を傾けるべきであろう。これを怠れば、株価の下落など、市場からの制裁が避けられない。

(4) 金融商品取引法改正法案

会社支配市場に関する枠組み作りは、個々の会社の努力に期待すべきものではない。カナダ法を見習うならば、攻撃側も法的な規制を課し、同時に、防衛側にも防衛策の導入を厳格に制限し、整序された戦いの土俵を整備すべきである。

この点で、内閣が国会に提出した証券取引法改正法案（金融商品取引法案）は、徹底されないのではという懸念が残る（図3参照）。

最も論争のあり得るのは、全部買付の義務化であろう。

改正法案は、公開買付の後における株券等所有割合が政令で定める割合を下回らない場合は、公開買付者に応募株券等の全部の買付等を義務づけている。政令で定める割合がどう決められるかが焦点になろうが、金融審議会で

● 図3　公開買付制度の整備（法律案要綱より抜粋）

```
二　証券取引法の一部改正（第2条関係）
 1．公開買付制度の整備
  (1) 公開買付規制の適用範囲の明確化
  (2) 買付者が競合する場合における公開買付けの義務化
  (3) 公開買付けの買付条件の変更等の柔軟化
  (4) 意見表明報告書の提出の義務化
  (5) 対象者の請求に基づく公開買付期間の延長
  (6) 全部買付けの義務化
```

の議論をみる限り、相当に高い割合（例えば、上場廃止基準にあたる割合）に設定されそうである。

　部分的公開買付が一般的に許されれば、本格的な強圧的二段階公開買付の到来を阻止できない。全部買付義務を課すと、効率的な企業買収が行われないと反論されようが、英国では、原則として全部買付義務を課しながら、特段の不都合を生んでいない。

　対象者の請求に基づく公開買付期間の延長にしても、政令で延長できる期間が定められるが、これも対象会社の株主に十分な情報と時間を与えるのに足りるように決められるか、不透明である。

　わが国では、公開買付期間が長期にわたると、市場が不安定な材料を抱える期間が長くなるとの懸念が強調される。しかし、カナダにおいては、そのような懸念はなく、公開買付期間の上限は法律で定められていない。買付者がじっくりと買付を行いたいのならば、これを否定する理由はないとする。防衛側も、ライツ・プランによって、120日間の買付期間を確保することがあり、証券取引委員会もこれを認めているという。

　以上のように、今般の証券取引法改正法案は、多分に不確定要素を残している。個別の会社において、防衛策を工夫することを否定することもできない状況にある。

(5) 事前警告型防衛策の立法化を

　事前警告型防衛策については、毒性が弱く、防衛策として導入する意味がないという批判もある。

　しかしながら、この防衛策の発想は、高く評価されるべきである。対象会社の株主は、公開買付に応募するか否かを判断するために、十分な情報と時間が確保されることを望む。また、強圧的な買収を受ける危惧があってはならない。

　事前警告型防衛策には、私人による立法であるという批判もある。証券取引法が定める公開買付期間の上限を、事実上、勝手に変更してしまうことになるからである。しかし、これこそが、事前警告型防衛策の妙味である。換言すれば、事前警告型防衛策が目指す枠組みを立法で実現すれば、この防衛策は不要となってしまう運命にある。

証券取引法改正法案は、まだ国会で審議の途上にあるし、政令委任事項については、未だ不透明なままである。事前警告型防衛策が無意味になるような法整備を行うことを切に願う。

その段階に至ったならば、もはや他の防衛策は、株主総会の事前の承認があるなど特段の事情がない限り、許容する必要がない。会社支配を巡るルールは、法令によって枠組みが整備されなければならない。個々の会社の自助努力に任せることは、状況が導入を許さない会社には不公平に映るであろうし、たとえ導入が可能な状況にあっても、その費用を個々の会社が負担するのは、社会的な無駄遣いである。その分の資金は、情報開示の度に手数料を証券取引等監視委員会に納めさせるなど、公的なインフラの整備に使用させるべきではないか。

4　会社はどう対応すべきか

会社支配市場に関する法整備の不備を強調してきたが、このような現状においては、個々の会社が防衛策を導入することを認めざるを得ない。その際には、優秀な弁護士、投資銀行などの知見が不可欠である。導入を検討している会社にあっては、多少の費用は覚悟すべきであろう。

各所から、洗練された防衛策が提案されている（図4参照）。綿密に設計されたものは、どれも適法であるといってよさそうである。わが国の専門家の資質は高い。

どの防衛策を選ぶべきか、最も悩ましいところであろうが、究極の経営判断事項である。事前警告型防衛策は、先に述べたように、弱毒性であるという批判もある。しかし、弱毒性であるが故に、会社は品位を高く保つことが

● 図4　防衛策の開発者たち[※]

		開発者	導入例
信託型	SPC型		イー・アクセス
	直接型	森・濱田松本法律事務所	西濃運輸
事前警告型		長島・大野・常松法律事務所	松下電器
条件決議型		西村ときわ法律事務所（現西村あさひ法律事務所）	
株主総会判断型		香田＝鈴木＝渡辺（野村證券IBコンサルティング部所属）	

※新株予約権を利用するもので、旬刊「商事法務」誌上で紹介されたものを掲げた。

できるということもできる。米国でも、防衛策を導入したという情報は、その会社が敵対的買収に対して弱みがある、つまり、経営陣が期待するほどに株価が高く維持できていないことを意味するシグナルと受け取られてしまう場合がある。

　他方で、業種によっては、徹底した防衛が必要な場合もある。典型的には社会的基盤を担う企業であり、収益を上げて株主を儲けさせることのみが期待されていない会社である。電力事業にしても、高収益になれば、電気料金を下げることが期待される。鉄道事業も、運賃を下げることが期待される。また、会社の株主の状況によっては、強力な防衛策を導入することが、現時点では必要な場合もあろう。

　各社においては、具体的な防衛策の内容は十分に検討されつつあるようである。本章では、個別の防衛策の中身を紹介するよりも、防衛策を導入するのか、導入するとすれば、どのような基本方針で選択をすべきか、この点の検討に資するよう、これまでの議論状況と規制の動向を概観し、筆者の考え方を示した。

　各社において、当面は、社風や社格に相応しい防衛策を選択し、最終的には、個別の自助努力による防衛策が不要となる会社支配市場法制が構築されることを期待したい。

第5章　大量保有報告制度の充実

　2005年9月26日、村上ファンドによって、阪神電鉄の株券等の大量保有報告書が提出されてから、関西地方の私鉄各社は、大いに揺り動かされた。
　村上ファンドは、保有目的を純投資と記載し続けてきたが、2006年5月22日には、監督官庁の指導があってか、経営参加も併記する訂正報告書を提出した。その後、村上ファンドは、阪急ホールディングスの公開買付に応募し、阪神電鉄の株主総会における議決権の行使も一任したようであり、表面上は穏やかに決着した。
　その反面で、大量保有報告制度に関して、わが国の法規制や運用の問題点が明らかになる機会を逃したともいえる。
　大量保有報告制度は、株券等の大量保有および大量処分に関する情報が、会社の支配権の変動や経営への影響の可能性を示すものとして、重要な投資情報であるという認識に基づいている。大量に株券等を取得した者が、どれだけ多くの議決権を有するのか、保有する議決権をどのように利用するかを、投資者に対して迅速かつ正確に開示することが期待されている。
　米国においても、5％ルールとして知られており、株券等の取得目的とあわせて、所定の計画または提案を記載すべきとされている。株券等の追加取得、取締役会の構成に関する変更、資本政策・配当政策の重要な変更などの計画等は、開示の対象となる。
　カナダにおいても、早期警告制度と称され、大量保有報告後の報告者の計画が厳密に問われる。発行会社の株券等を追加的に取得する意図がある場合には、その計画が、「保有の目的」の一環として、開示が求められる。
　わが国でも、大量保有開示府令において、「『純投資』、『政策投資』、『経営参加』、『支配権の取得』等の目的及びその内容について、できる限り具体的に記載すること」が要請されているが（第1号様式「記載上の注意」(9)）、具体的な指針は何も提示されていない。とはいえ、金融商品取引法では、機関投

資家に一般報告が義務付けられる要件に関して、従前の事業支配目的の明確化を図るため、政令で定める重要提案行為等を行う目的に改められた（同法27条の26第1項）。

大量保有報告に虚偽記載が存在するのであれば、規制機関は積極的に是正措置を講じることが期待される。例えば、緊急停止命令（金融商品取引法192条）を活用することができよう。支配権の取得を可能とする株券等の取得の継続は、大量保有報告の記載内容と異なるので、追加的な取得を認めず、保有を停止するよう、裁判所に求めることができる。大量保有者が保有株式の処分を終えるまでの間も、会社支配に関する議決権等の行使を禁止することが必要である。

阪神電鉄にしても、村上ファンドとの対決姿勢を明らかにするのなら、株主総会において取締役選任等に関する議決権行使を拒否することもできた。差止めの仮処分命令申立てについて、被保全権利が何かは難問であるが、虚偽記載を理由として、会社との関係では株式取得が無効であることに求めればよい。証券規制違反の行為の私法上の効力を否定することには、伝統的な考え方からは躊躇があろう。ただ、資本市場の健全性を維持するために必要なことであるし、他方で、大量保有者以外に迷惑を被る者も存在しない。無効とする解釈が困難なら、議決権行使が権利の濫用に当たるという理屈も使える。

解釈論が深まり、法規制も整備され、大量保有報告制度の運用が安定的かつ創造的になされるようになることを願う。

第6章 外国会社による三角合併

　会社法制の現代化の１つの目玉は、組織再編における対価の柔軟化である。
　この点は、経済界も積極的に支持してきた。金銭等を対価とすることにより、買収会社は、株主構成を変更せずに、対象会社を取得することができる。特にキャッシュ・リッチの会社には魅力的であろう。
　ところが、会社法案が審議される頃までに、敵対的買収が加速度的に増加するや、外国会社によって三角合併が濫用的に用いられるという懸念が、経済界と政界で共有されるようになった。買収防衛策を講じる機会を与えるという名目で、会社法の対価柔軟化に関する部分は、他の部分とは１年遅れて施行される。敵対的な三角合併は観念できず、理論的には根拠のない懸念であると、当時から分析されてきた。
　三角合併の解禁は、内国会社の間での企業結合の手法としては、あまり関心がなかったであろう。対象会社の株式の全部を取得するためには、株式交換を用いればよい。ただ、三角合併によれば、完全親会社となる会社で、株式交換という手法によるよりも、株主総会の決議、反対株主の株式買取請求権、債権者保護手続を省略することができる余地が生じそうであるが、健全な実務は、悪用を目論んではいないようである。
　2006年10月頃から、にわかに注目され出したのは、外国会社による三角合併で生じるかもしれない負の効果である。典型的には、内国会社の株主が、名も知れぬ外国会社の株式を交付されれば、著しく流通性が失われ、交換価値が一気に下がる。
　米国等の会社の株式であれば、自分が何をすべきかが分かるかもしれない。およそ学習したことのない言語を有する外国の会社の株式であれば、どうなるのか。その会社に適用される会社法も理解できず、会社から通知等が送られてきても読み取れず、何も対応しなければ、権利の内容が変わってしまったり、そのまま失権してしまう可能性すら否定できない。

このような懸念については、合併決議で反対すればよいという反論がある。決議が成立しても、株式買取請求権を行使すればよいという。しかし、株式買取請求権が不完全な救済方法であることは、以前から指摘されている。買収側の外国会社にしても、最初から株式買取請求権に応じるつもりならば、対価を現金にさせるのが望ましいが、不適格資産の交付を厳格に制限している現在の組織再編成税制では、現実的ではないのであろう。

外国会社株式を対価とする合併が単独では弊害をもたらすものではないとしても、これが第２段階の取引として予定され、第１段階で公開買付が行われれば、強圧的な買収に組み立てることができる。思慮深い株主であれば、第２段階の合併で反対し、株式買取請求権の行使を準備するよりも、第１段階の公開買付に応じる方が合理的であると、容易に理解するであろう。

国際会社法という新しい学問領域の研究成果が活かされるべきではないか。内国会社と外国会社とが直接的に合併等を行うことができるか、できるのなら、手続要件をどのように解釈すべきかが検討されてきた。日本国内での流通性を欠いた外国株式を対価とするには、当面は特殊決議が必要であるとの見解も有力であり、私もそのように解釈してきた。こういった議論の蓄積が、三角合併という間接的な方法を議論することになったために、活かされにくくなっていると懸念される。

第7章　株主は他の株主を選ぶことができるのか

　東京地裁は、ブルドックソースが株主総会で導入を決定した買収防衛策につき、スティール・パートナーズによる新株予約権無償割当ての差止仮処分申立てを却下した。短期間に双方が立証を尽くし、裁判所が緻密な決定を言い渡したことは、驚くべきことである。

　一応認められた事実関係を前提とすれば、理由付けに疑問の残る部分もあるものの、結論は妥当であろう。裁判所による法創造を期待する立場からは、東京地裁が、新株予約権無償割当てについても、株主の地位に実質的変動を及ぼす場合には、募集新株予約権の発行に関する差止めに関する会社法247条の類推適用を認めるとの解釈を示したことが、高く評価される。今後の差止仮処分事件との関係でも、被保全権利が明確にされたことは、実務に安定感を与えるに違いない。

　もっとも、「株主が他の株主を選ぶことができるのか」という問題意識からは、東京地裁決定は、防衛策に関する株主総会の承認という事実を過大視していないかとの疑念が残る。ともすれば、株主総会決議さえ得れば、防衛策は常に許されるかのような誤解を実務に与えかねない。

　上場会社の経営者は、原則として、株主を選ぶ権限を有しない。としても、株主が他の株主を選ぶことができるかといえば、必ずしも自明ではない。株主が自由に取引されるという資本市場の建前からは、他の株主を選ぶ権利はなく、気に入らない者が株式を取得したのなら、自らが株主を売却し、会社から退出すべきであるともいえる。東京地裁も、本件の特殊性について熟慮しており、読み手も十分に留意しなければならない。

　例えば、本件では、敵対的買収者は、100％公開買付を実施しており、対象会社の支配を巡って、現経営陣との間で激しい争奪戦が生じている。このような場面では、株主には、① 公開買付者に支配を移転させるかという判断と、② 公開買付が成功するなら、自分が応募するかという判断とを、

別々に決定させなければ、株主の選択が歪められてしまい、不効率な公開買付が成功してしまう可能性がある。そこで、防衛策を発動するか否かについて、株主総会で株主の意思を確認する意味は小さくない（田中亘「敵対的買収に対する防衛策についての覚書（1）」民商131巻4＝5号629頁以下（2005年）参照）。

　また、買収防衛策は、会社の価値に対する脅威との関係で、相当な内容を備えていなければならない。東京地裁は、敵対的買収者に経済的な不利益を与えるものではないと認定しており、妥当であろう。100％公開買付が実施されていたから、公開買付価格に相当する金額を取得条項等の活用によって補填すれば、敵対的買収者には損害が生じないという論理が通用しやすい。

　他方で、既存株主に金銭を受け取る平等の機会を与えるという意味でも、一定の要件が満たされれば、既存の株主は、公開買付に応募することによって、公開買付者と同じ額の金銭を受け取るような設計が目指されているから、相当性なども問題になりにくい。

　有事導入型防衛策であるため、ブルドックは、他の対抗措置を講じる余裕がなかったであろう。もしも、友好的な第三者に新株を割り当てるとか、安定株主工作のために株式持合いを進めるとか、特段の事情があれば、その後の株主総会の承認も、経営陣の自己保身の一環であると解する余地がある。東京地裁は、ブルドックの株主構成に言及しており、特定の大株主の意向によって株主総会の決議の成否が左右される状況になかったと認めて、株主総会の決議が明らかに合理性を欠くものではないとしており、細やかな配慮をしている。

　東京地裁が判示するように、「株主総会が採った対抗手段の相当性については……株主総会が当該手段を採るに至った経緯、当該対抗手段が既存株主に与える不利益の有無及び程度、当該対抗が当該買収に及ぼす阻害効果等を総合的に考慮して判断すべき」である。「決定をみて、他社の経営者は、『特別決議と買収者への経済的補償さえあれば、敵対的買収を阻止できる』などと短絡的に理解すべきではない」（日経新聞2007年6月29日社説）。

　株主総会が、会社の最高意思決定機関であることは、多数決によって、気に入らない株主を排除することを当然に認めることを意味するものではない。

第8章　会計帳簿閲覧等の拒絶事由は、拒絶の自由を認めるものか

　東京地裁は、平成19年9月20日、楽天の完全子会社である楽天MIが、TBSに対して、投資有価証券の明細を記載した有価証券台帳等の閲覧等を求めた事件において、会社法433条2項3号所定の「請求者が当該会社の業務と実質的に競争関係にある事業を営〔む〕……ものであるとき」に該当するとして、請求を棄却した（金融・商事判例1276号28頁）。

　本件は、楽天側が、TBSが違法または不当な安定株主工作を進めた疑いがあるとして、監督是正権等の行使を目的として、閲覧等の請求を行ったものである。同年のTBSの定時株主総会前に仮処分を求めていたが、これは、認められなかった（金融・商事判例1270号40頁、52頁）。

　請求株主が競争関係にあれば、一切の会計帳簿の閲覧等の拒絶が許されるか。本件でも、楽天MIは、たとえ競争的な関係にあっても、競争関係に利用される可能性が全く存在しない書類については、閲覧を拒絶できないと主張している。

　これに対して、東京地裁は、「閲覧等の対象とされた書類の内容を問わず……実質的な競争関係が存在するものと認められれば、……甚大な被害を被る危険を未然に防止するために一律に閲覧等請求を拒むことができる」と判示し、「原告の主張は、独自の考え方」であると一蹴した。

　会社法の文言を形式的に解釈したものであろう。確かに、実質的な競争関係にある株主に、会計帳簿の閲覧等を制約することは合理的である。会社法も、拒絶事由として、請求対象の文書を競争事業で利用する目的で請求を行ったときとは定めていない。しかし、請求株主の属性のみから、一切の会計帳簿の閲覧等の拒絶を認めてよいのか、大いに疑問である。

　会社法433条の建付けにも関係するが、株主としての権利行使等のための請求のみ認められ（同条2項1号）、株主共同の利益を害する目的の請求は認められないことが（同2号）、制度の基本であり、他の拒絶事由は、この理念

を敷衍して具体例を規定したものである（江頭憲治郎『株式会社法』629頁（有斐閣・2006年））。

　競争関係にある者が、直ちに、会社の犠牲において、自己の利益を図るとはいえない。上述の制度趣旨からは、競争関係にある株主からの請求であっても、当該株主が、競争関係に関わる企業秘密を含む文書を閲覧しようとするのでなければ、その請求は認められるように、拒絶事由は限定解釈されるべきである。

　このような限定解釈が認められないなら、支配争奪や大規模買付の場面で、混乱が生じてしまう。敵対的買収に対する防衛のために、株式の持ち合いが復活しつつあるが、これには強い批判がある。とりわけ有事における安定株主工作の内実は、株主総会判断型の防衛策の信頼性にも深く関わってくる。これを検証する有力な手段が失われる可能性がある。

　企業買収者は、ストラテジック・バイヤーとフィナンシャル・バイヤーとに一般的に分類される。前者は、積極的に相乗効果を狙うものであり、企業戦略上も双方に利益をもたらす可能性が高い。ところが、東京地裁の判決によると、競業関係にあると会計帳簿の閲覧等の拒絶が認められやすくなり、後者よりも買収のための障害が高くなってしまう。

　また、買収防衛策の発動基準は、発行済株式の20％と設定されるのが一般的であるが、20％以上の取得に成功すれば、原則として持分法が強制適用される。この場面に至っても、競争関係にある株主への会計帳簿の閲覧等の拒絶が一律に許されるとすれば、連結財務諸表の監査に支障を生じさせる可能性が指摘されている。

　同業種の会社の間で、規模の経済を狙った争奪戦が、増えてきている。経営者が選んだ相手とは、買収監査にも、帳簿閲覧もに応じながら、取引保護条項を活用し、他方で、敵対的な大規模買付者には、拒絶事由を楯にして、情報の提供を控えるようでは、公正な競売が行われたとはいえない。

　会計帳簿の閲覧等の拒絶事由に形式的に該当しても、これが拒絶の自由につながることがないように、ひいては経営陣の自己保全に利用されることがないように、実質的な法解釈が求められる。

第9章　M&Aを巡る最近の動向
――対価柔軟化――

1　はじめに

　平成17年のライブドア対ニッポン放送事件を機に、M&Aという言葉がお茶の間でも使われるようになった。まして企業関係者の関心は高い。

　もっとも、M&Aは、法律用語ではなく、合併（mergers）と買収（acquisitions）は、明確に区分され得るものではない。例えば、大きな会社が小さな会社を会社法で定義される吸収合併する場合には（会社法2条27号）、合併ともいえるし、買収であるともいえる[1]。M&Aという用語は、経済的な事象を示す一般用語ということになろう。

　実際、M&Aの件数が急激に増加しており、これは当然に、当事会社の監査役に対して、会社法などで示された行為規範にそくした対応が求められることを意味する。ところが、件数の急激な増加は、同時に、監査役の対応について、経験の積み重ねが少ないことをも意味する。

　本章では、最近のM&A事情を概観した上で、新しい会社法制と証券法制の下で[2]、留意すべき事項を簡単に整理していき[3]、監査実務の一助になることを期する[4]。

---

(1) 会計処理は、原則として、パーチェス法によることになる。会社計算規則58条ほか参照。
(2) 上場会社に関する法規制では、会社法制と証券法制という区分そのものが、本来、大きな意味を有しない。岩原紳作ほか「敵対的TOB時代を迎えた日本の買収法制の現状と課題〔座談会〕――金融商品取引法の要点」MARR2007年1月号19-20頁〔岩原発言〕（2007年）参照。
(3) 監査実務を直接取り扱ったものではないが、最先端の議論を試みたものとして、武井一浩＝中東正文「会社法下のM&Aを語り尽くす〔1〕〔2〕〔3〕（対談）」ビジネス法務7巻1号10頁、2号54頁、3号63頁（2007年）。
(4) 監査役会設置会社である上場会社を念頭に置いて叙述を進めるが、敵対的買収に関する叙述を除く多くの事項は、監査役設置会社の監査役にも、そのまま妥当するこ

2　会社法制の変遷とM&Aの動向

　わが国のM&A法制が大きく動き出したのは、平成11年のことであり、この年に、株式交換・株式移転制度が導入された(5)。これは、完全(100%)親子会社関係を創設するための組織再編手法である。ソニー創業者の盛田昭夫氏は、合併による融和の困難さを避ける方策として、株式所有を通した企業結合の重要性を、かねてから説かれていた(6)。株式交換制度が創設され、素早く活用したのがソニーであったことも、無縁ではないであろう(7)。

　このような制度の必要性が強く意識されるようになったのは、平成9年に、戦後の象徴である2つの第9条の1つである独占禁止法9条が改正され、純粋持株会社の設立等が解禁されたことにある。

　株式交換制度の導入直後の平成12年には、会社分割制度が導入された。会社分割制度については、昭和40年代から、フランス法などの比較法的な考察に基づいて、議論が続けられてきていた。純粋持株会社の解禁までは、理論的な考察の域を出ていない感もあったが、解禁後に、法制度の導入が一気に実現した。既存の会社を持株会社として、事業部門を分社化する手法として、脚光を浴びることになった。

　注目されるのは、この2つの改正の前後から、M&Aの件数が急増していることである(8)。社会経済的な要望と法整備とが合致したことを示すものでもあろう。この段階では、M&Aの件数を押し上げたのは、友好的(9)な

　　とになろう。
(5) 企業組織再編における会社法の変遷については、中東正文「要望の顕現——組織再編」商事法務研究会編『会社法の選択——新しい社会の会社法を求めて（仮題）』（商事法務、近刊）を参照。
(6) 盛田昭夫「国際化に対応した日本の企業法制のあり方を考える」経団連月報35巻12号21頁（1987年）。
(7) 盛田昭夫氏は、純粋持株会社の解禁と株式交換制度の導入の直後、平成11年10月3日に逝去された。
(8) 統計については、株式会社レコフのホームページを参照〈http://www.recof.co.jp〉。
(9) 友好的(friendly)なM&Aとは、対象会社ないし当事会社の経営陣の同意の下に実施されるものである。これに対して、敵対的(hostile)なM&Aとは、対象会社の経営陣が反対する中で、買収者が強行するものである。これらの用語は中立的な表現ではないし、また、法的な観点からは、この区分よりも、競争的(competitive)に

形で行われるものであった。経営者たちは、バブル崩壊後の企業の立て直しのため、あるいは、より戦略的な事業展開を行うために、積極的にM&Aを行うようになった。

　このように企業戦略上の目的でM&Aを行う者を、ストラテジック・バイヤーという。企業が結合することにより、規模の拡大（規模の経済）が生まれたり、相互の補完（範囲の経済）が生まれたり、シナジー（相乗効果）を期待することができる。

　これに対して、近年とみに目立つのは、フィナンシャル・バイヤーの活動である。投資ファンドのように、買収対象会社（の株式）を安く買い、買収後に高く売って、さや取りを狙う者である。とりわけ、PBR（price bookvalue ratio：株価純資産倍率＝株価÷１株当たり純資産）が１を下回る会社が、買収の対象となりやすい。現時点の株価で対象会社の株式全部を取得することができるのなら、取得後に解体するだけで、利益を得ることができるからである。アメリカでも、同様の現象が生じ、「ウォール街で、石油を掘る」と表現された。

　PBRが１を割っているということは、現在の経営陣が、会社の資産を有効に活用していないことを意味する。買収後に、経営効率を改善して、企業価値を高めれば、買収者は利益を得ることができる。それ故にこそ、敵対的買収の脅威によって、経営陣に対する規律付けを行うことができると説かれてきた[10]。

3　監査役に期待されること

平成17年に、会社法制の現代化の検討の成果として、会社法が制定された。

　　行われるM&Aか否かが大切である。この点については、三宅伸吾『乗っ取り屋と用心棒──M&Aルールをめぐる攻防』はじめにⅲ頁、157-161頁（日本経済新聞社、2005年）を参照（同書については、中東の書評が月刊監査役511号60頁（2006年）に掲載されている）。典型的には、後述するように、MBO（management buy-outs）を念頭に置くと分かりやすい。経営陣による買収であるから、友好的な買収には違いがないが、経営陣が利益相反の状況に置かれる点で、敵対的な買収と同じような法的な配慮が必要となる。

(10)　裏返せば、敵対的買収が成功したのなら、従来の経営者が効率的な経営を行ってきていなかった可能性が存する。

第Ⅰ部　実践のための視座

M&Aにおいて監査役に期待される役割や職責は、抽象的なレベルでは、大きな変更がないと理解してよかろう。監査役は、取締役の職務執行を監査する義務を負い（会社法381条1項前段）、必要な調査を行う権限を有するが（同381条2項3項）、これは同時に、適時に権限を行使する義務を負うことをも意味する（同330条、民法644条）。取締役の違法行為が会社に著しい損害を与える可能性があるときは、当該行為の差止めを求めなければならない（会社法385条）。この義務を怠れば、会社に対する任務懈怠責任を負うほか（会社法423条1項）、場合によっては、第三者に対する責任も負うことになる（同429条）。

M&Aに関係する事項に関しては、監査役が監査すべき事項が、より特殊な専門領域であることが、監査実務における課題になるであろう。最先端の専門的見識を監査役個人が維持し続けるのは不可能であるから、特に注意をしておくべき局面が何かを理解し、そのような局面が実際に現れたときに、どのような対応をとるべきかの基本姿勢を想定しておくことが必要である。

さらに、一定の社外監査役には、更なる役割が求められる場面がある。敵対的買収に対して、平時において（敵対的買収者が現れる前に）、買収防衛策を導入する際に、防衛策を発動するか否かの勧告等を取締役会に与える委員会（特別委員会、独立委員会など）が設置される事例が増えている。社外監査役を特別委員会の一員に選任することも少なくないが、そうなると、通常の監査を超えた判断が求められることになる。

敵対的買収の文脈では、社外監査役のみならず、全ての監査役の役割が大きくなる。というのも、取締役会の任期は、原則として2年とされており、定款による短縮も可能であるが（会社法332条1項）、監査役の任期は選任後4年であり、定款による短縮が認められていない（同336条1項参照）。さらに、解任の要件にしても、株主総会は役員をいつでも解任できるところ（会社法339条1項）、取締役は原則として普通決議で解任され（同309条1項）、支配が敵対的買収者に移れば、直ちに会社を追われることになるが、監査役は特別決議でなければ解任されず（同309条2項7号）、特別決議を確実に成立させるためには、敵対的買収者は、対象会社の株式につき全部買付義務を負った形で公開買付をしておかなければならない（金融商品取引法27条の13第4項、証券取引法施行令14条の2の2）。このような制度的な裏付けからも、監査役には中

立的な判断が期待されている。

　また、平時導入型の買収防衛策の導入や発動、有事導入型の買収防衛策の導入にあたっては、取締役会が、「監査役の全員の同意を得ている」というリリースを発表することによって、自らの判断がより中立的であることを示そうとする事例がある[11]。この時に、監査役として何に留意をしながら判断すべきか、日頃から意識しておく必要があろう。

　以上の諸点も踏まえて、特に留意が必要な場面における課題を簡単に整理しておこう。

4　合併等対価の柔軟化

(1)　序　説

　会社法の制定によって、合併等の対価として、存続会社等の株式を消滅会社等の株主に交付する必要がないことが、法律上も明確にされた。伝統的には、合併等の対価は株式でなければならないという見解が強かったから、会社法の制定によって、実質的な変更が行われた点であるともいえる。もっとも、外資の敵対的買収を促進するのではないかという懸念が拡がったので、施行の時期は、会社法の他の部分から1年遅れて、平成19年5月1日から施行されることになった。

(2)　二段階公開買付

　合併等の対価が柔軟化されることが、敵対的買収に与える影響は小さくない[12]。極端な事案を想定すると、敵対的買収者が、対象会社の株式を66％取得する形になる公開買付を開始し[13]、そこでは、公開買付に成功すれば、

---

[11]　例えば、松下電器産業が平成18年4月28日に発表した「当社株式の大規模な買付行為に関する対応方針について（買収防衛策）」4頁においては、「本方針の継続採用を決定した取締役会には、当社監査役4名（内2名は社外監査役）全員が出席し、いずれの監査役も、本方針の具体的運用が適正に行われることを条件として、本方針に賛成する旨の意見を述べました」との記載がなされている。

[12]　この問題意識を基本にするものとして、中東正文『企業結合・企業統治・企業金融』（信山社、1999年）。

[13]　議決権の66％を有していれば、上場会社では、株主の全員が株主総会に出席する訳ではないから、2／3以上の賛成を要する特別決議もほぼ確実に成立する。他方で、

引き続いて第2段階の合併等を行い、残った株主には、公開買付価格よりも低い価格の金銭等を交付して、会社から出て行ってもらう予定であると公告しておく。そうすれば、対象会社の株主は、たとえ公開買付価格が十分でないと判断しても、他の株主に遅れをとらないように、第1段階の公開買付に応募してしまう。本来なら成功するべきではない買収が、成功してしまう可能性がある。これが、典型的な強圧的な二段階公開買付である。

会社法の制定前でも、これに類する強圧的な二段階買収は可能であったが[14]、合併等の対価が柔軟化されると、二段階買収が正面から問題となる。対象会社の取締役は、強圧的な公開買付が実施された場合、防衛策を講じることになり、これは株主の投資判断を歪めないようにするものであるから、防衛策の内容が相当である限りは、株式や新株予約権の第三者割当などによって対抗することも適法とされる余地がある[15]。監査役としては、敵対的な公開買付が開始されたときに、強圧的で株主の選択を歪めるものか否かを判断し、歪めるものであるとしたら、取締役が行おうとする防衛策の内容が相当なものであるのかを検討しなければならない。企業価値を害するという脅威が存在すると合理的に判断され、この脅威を排除するのに合理的な防衛策か（過剰反応ではないか）を審査することが期待される[16]。脅威もないのに防衛しようとし、また、脅威を除去するのに必要な範囲を超えて防衛しよ

発行済株式総数の2／3以上の株式に対して公開買付を実施すると、応募のあった株式の全部を買い付けなければならない（全部買付義務）。

(14) ジャパニーズ・スクィーズ・アウト（日本式の少数株主の締め出し）といい、大規模な株式併合を用い、あるいは、株式移転制度を巧妙に利用すると、実行が可能である余地があった。もちろん、敵対的買収者が支配を掌握してから、その支配を濫用して行うものであるから、法的には差止めや無効主張の原因になり得ると解されてきた。他方で、公開買付後の計画について、「現時点で、具体的な予定はない」とか、「上場廃止要件にあたる可能性がある」という公告をするだけでも、対象会社の株主は、公開買付に急き立てられるであろう。

(15) 東京高決平成17年3月23日金融・商事判例1214号6頁、商事法務1728号41頁（ライブドア対ニッポン放送事件）参照。M&Aに関する国内外の重要な裁判例を検討した書物として、野村修也＝中東正文編『M&A判例の分析と展望』（経済法令研究会、2007年）。本章で言及する裁判例の多くが、同書に所収されているので、適宜、参照されたい。

(16) 米国デラウェア州最高裁の Unocal Corp. v. Mesa Petroleum Co., 493 A.2d 946 (Del. 1985) 事件を参照。

うとすれば、対象会社の経営者の保身のためと評価されても仕方がなく、株主が満足できる買収を拒絶したとなると、取締役は善管注意義務ないし忠実義務の違反が問われ（会社法330条、民法644条、会社法355条）、監査役も善管注意義務違反が問題となる。

(3) 支配従属会社間の組織再編

少数株主の締め出しは、敵対的な買収でのみ問題になる訳ではない。

既に支配従属関係にある会社において、吸収合併が行われたり、株式交換が行われたりする際に、従属会社の株主には、支配会社の株式を交付せずに、現金などを交付する。少数株主は、意に添わないで、排除されてしまう可能性がある。もっとも、現金を対価とする組織再編を行うと、課税上、当然に非適格組織再編成になる（課税の繰り延べがなされない）ことから、支配会社が上場会社であれば、支配会社の株式を交付するのが筋であろう[17]。

これに対して、上場会社の子会社が、孫会社の少数株主を排除して、当該孫会社を完全子会社にしようとする要望はあるかもしれない[18]。あるいは、支配会社がファンド（会社法上の会社とは限らない）などのように、閉鎖的な組織である場合には、従属会社の少数株主を排除して、少数株主の管理費用を削減したり、企業価値の増加を独占したいと望むであろう。

このような場合に、支配会社は自らに有利な条件を追求するであろうし、実際にも、それを実現する支配力を従属会社に対して有していることに留意が必要である。支配会社と従属会社との間で、組織再編の条件が合意されたといっても、それは独立当事者間取引（arm's length transactions）ではない。従属会社が不当な条件を強要されないように、監査役は留意しなければならない。

少数株主の締め出しが許される事例か否かについての判断基準は、学説上

---

[17] 支配会社に現金が余っている場合に、現金を交付することも考えられる。ただ、少数株主は、投資を継続しようとすれば、いったん譲渡損益を認識した上で、支配会社の株式を市場で取得しなければならず、取引手数料等も負担しなければならない。むしろ、このような場合には、支配会社は、まず自己株式を取得し、それを従属会社との組織再編の対価に用いるべきであろう。

[18] この場合にも、子会社は、上場親会社の株式を交付するという選択肢もある（会社法800条参照）。

も、統一的な見解がある訳ではない。ドイツ法を参考にする論者は、取引の実体よりも、取引の過程を強調するようである[19]。他方で、アメリカ法を参考とする論者は、取引の実体を重視し、正当な事業目的が存するか否か、少数株主に交付される対価が公正か否か、などに注目するようでもある[20]。

実体的な判断は、監査役にとっても難しいし、取引が適法か否かを最終的に判断すべき立場にある裁判所にとっても、容易なものではない。むしろ、取引の過程が適正であることを確保して、それによって、取引の実体や結果の公正さを確保するのが堅実である。ドイツ法とアメリカ法[21]の折衷的な立場ともいえようが、カナダ法の姿勢を取り入れるべきである。

すなわち、当事会社が支配・従属関係にある場合には、① 質の高い情報開示がなされているか、② 独立した評価人による評価が取引条件の決定の基礎とされているか、③ 少数派の多数の賛成が得られているかが精査されるべきである[22]。実務家からも、これらの諸点が、対価の決定が公正にな

---

(19) 例えば、齊藤真紀「ドイツにおける少数株主締め出し規整（2・完）」法学論叢155巻6号59-60頁（2004年）、伊藤靖史「少数株主の締出しに関する規制のあり方について」同志社法学56巻4号93-94頁（2004年）、福島洋尚「株式会社における少数株主の締め出し制度」柴田和史＝野田博編『会社法の現代的課題』236-237頁（法政大学出版局、2004年）。

(20) 例えば、柴田和史「現金交付合併と正当な営業上の目的の法理に関する一試論」柴田和史＝野田博編『会社法の現代的課題』13-14頁（法政大学出版局、2004年）、柴田和史「追出合併（Cash･Out･Merger）と対価柔軟化」中野通明＝宍戸善一編『M&Aジョイント・ベンチャー』218頁（日本評論社、2006年）、前田雅弘＝中村直人＝北原直＝野村修也「新会社法と企業社会〔座談会〕」法律時報78巻5号6頁〔前田発言〕（2006年）、長島・大野・常松法律事務所『アドバンス新会社法〔第2版〕』775-776頁（商事法務、2006年）。株式や新株予約権の第三者割当に関して、わが国の裁判所が、主要目的基準を維持してきていることとも整合的であろうか。これらの見解に対して、事業目的基準を採用すべきでないと主張するものとして、藤田友敬「企業再編対価の柔軟化・子会社の定義」ジュリスト1267号109頁（2004年）、田中亘「組織再編と対価の柔軟化」法学教室304号81頁（2006年）、石綿学「会社法と組織再編——交付金合併を中心に」法律時報78巻5号64頁（2006年）。

(21) デラウエア州では、事業目的基準は最終的に廃棄され、取引の公正さと価格の公正さを構成要素とする完全な公正さ（entire fairness）の基準が採用されている。Weinberger v. UOP, Inc, 457 A. 2d 701 (Del, 1983)。

(22) 中東・前掲注(12) 543-544頁、中東正文「企業組織再編法制の整備」商事法務1671号21頁（2003年）（『企業結合法制の理論』（信山社、2008年）所収）ほか。立法論として提唱してきたが、会社法制の現代化においては、取り入れられるところとは

第9章 M&Aを巡る最近の動向——対価柔軟化——

されたかを審査する上で有益であり、事後の紛争のリスクが軽減されるとの見解が示されている[23]。

　実体的な判断を監査役が行うことは、多くの場合、ほとんど不可能であろう。そこで、上述のように、意思決定の過程において、独立当事者間取引に近い環境を整えるべく、手続的な公正さが維持されているかを監査するべきである。より具体的には、①と②について、後述するように、証券法制によって相当の対応がなされており、監査役にとっても、監査の姿勢を示唆する内容になっている。②については、支配会社と従属会社とで、それぞれ反対当事会社から独立した評価人の評価を得ることが有益であろうし、健全な実務では、既に実践されている。また、③については、株主総会決議が必要とされる場合に、少数株主のうち、どの程度の株主が賛成しているのかが判別できる仕組みを用意するように、取締役に要求すべきことになろう[24]。以上の諸要素を考慮した上で、監査役は、必要と判断すれば、組織再編を進める取締役の行為を差し止めなければならない。

　なお、合併等対価の柔軟化に賛成する立場からは、事前規制によらなくても、濫用的な利用から少数株主を保護する法理は別にあるという指摘がなされてきた[25]。先の事業目的基準の再評価に関する見解も、事後規制の具体化の方策の1つと評することができよう。他方で、相当数の困った事例が現れ、後を追いかける法改正が相次ぐことを懸念する見解もある[26]。

ならなかった。
[23] 石綿・前掲注[20] 61-62頁。この点につき、中東正文「M&A法制の現代的課題〔上〕」商事法務1658号12-14頁（2003年）は、立法でしかるべき事前規制を課し、これに従うならば、原則として、合併の効力が覆ることはないという形で、取引の安定化を図ろうと提言していた。
[24] この計算の仕組みは、実際には難しいとの批判もある（武井＝中東・前掲注（3）7巻2号64頁〔武井発言〕）。とするのなら、当面は、支配会社の議決権のみを除いて計算すればよく、これでも十分な抑止力になるであろう。取締役も、合併等の契約書において、少数株主の多数の賛成が得られないことを解除条件として定めるべきである。
[25] 江頭憲治郎『株式会社・有限会社法〔第4版〕』688頁注（2）（有斐閣、2005年）など。
[26] 前田ほか・前掲注[20] 7頁〔中村直人発言〕。とりわけ非公開会社における対価柔軟化の濫用を懸念するものとして、浜田道代「新会社法における組織再編」商事法務1744号52頁（2005年）。

第Ⅰ部　実践のための視座

　不公正な締め出しが行われた場合に、最も端的な対応策は、合併等の無効の訴え（会社法828条。なお、株主総会決議取消の訴えに関する会社法831条1項3号参照）である。しかし、合併等の無効の訴えの認容判決は、あまりに劇的な効果を生じさせてしまうから、このような判決を裁判所に求めることは、過大な期待であろう。現実的には、反対株主の株式買取請求権が、単なる金銭的な補償の手段としてだけではなくて、経営者や多数株主の決定に対する監視機能の側面が重視されることになる(27)。

　しかし、いずれの機能についても、株式買取請求権が少数株主にとって利用しやすい制度であることが、前提になるべきものである。ところが、わが国では、公正な価格を求めるための鑑定費用をどのように定めるべきかなどについて明確な規定を欠いているし(28)、実際にも、膨大な費用を反対株主（申請人）は覚悟しなければならないことが問題になっている(29)。

　以上の諸問題は、激増している経営陣による会社の買収（MBO：management buy-outs）でも、同様に起こりうる。一時は、究極の買収防衛策として脚光を浴びたが、利益相反の構造が避けられず、経営陣の有する情報と株主の有する情報の格差は大きい。しかも、近時は批判的な論調が強いから、監査役としては、一段と警戒すべき取引類型であることになろう(30)。

---

(27) 藤田友敬「新会社法における株式買取請求権制度」『会社法の理論〔上〕』（江頭憲治郎先生還暦記念）276頁（商事法務、2006年）参照。
(28) 木俣由美「株式買取請求手続の再検討〔下〕」商事法務32-33頁（1997年）。
(29) 執筆時に係属中のものとして、カネボウが産業活力再生法を用いて、営業の全部の譲渡をしたところ、反対株主から株式買取請求権が行使された事例がある（東京地裁平成18年（ヒ）第264号株式買取価格決定申請事件外7件）。三井法律事務所の大塚和成弁護士らの「期日報告（5）」（平成19年2月5日）によると、公正価格の鑑定費用は5,000万円にも及び、これを申請人らと被申請人で折半して予納することとされた。最終的な負担を求めたものではないが、本件は多くの株主が集団的に株式買取請求権を行使したことに特色があり、このような状況が期待できない場合が大多数であろう。カネボウ事件については、「カネボウ個人株主の権利を守る会」のホームページ〈http://www.geocities.jp/tob_kanebo/index.htm〉を参照。
(30) 例えば、「すかいらーく、『牛角』など1年で80件——ブームのMBO、裁判所が注視」日経ビジネス2007年2月12日号12頁によると、東京地裁の民事8部（商事部）も目を光らせているという。かつては、上場会社の非公開化（going private）が、経営者と株主との利益を一致させる手法として注目された（代理費用の削減）。この点についての著名な論文として、Michael Jensen, Eclipse of the Public Corporarions,

このような現実に考えみると、監査役が紛争の生じる前に適切な対応をすることは、少数株主にとっても、また、多くの場合には、会社にとっても有意義である。監査役においては、この点を強く認識した上で、組織再編の決定過程を注視すべきである。

(4) 外資による三角合併

合併等対価の柔軟化で、大きな影響が生じるとされるのは、外資による三角合併である。

三角合併とは、吸収合併において、消滅会社の株主が、合併対価として、存続会社の完全親会社の株式を受け取る形式で行われるものである。3つの会社が関係するので、三角合併という。存続会社の株式に限定されていた対価の種類が、存続会社の親会社の株式の利用が認められることにより、実行が可能となる組織再編である。買収会社と対象会社の間に完全親子会社関係を作るという点では、株式交換と同じ結果を生む。

株式交換と三角合併が同じ効果を生じさせるのに、なぜ三角合併に注目が集まっているのか。最大の理由は、国際的株式交換を日本の会社法が認めていないとしても、国際的三角合併ならば、何ら問題なく認められるという点である。会社法の立案担当者は、日本の会社と外国の会社の直接的な組織再編を認めていないという解釈を示している[31]。そこで、間接的な方法として、外国会社は、日本国内に100％出資の受け皿会社（殻会社）を作り、日本の対象会社をこの殻会社に合併させ、その折に、対象会社の株主に外国会社の株式を渡せば、外資による株式対株式交換の日本企業の買収が完了する。面倒にみえるが、アメリカ国内では標準的に用いられる方法である。

アウト・イン型（外国会社が内国会社を買収）の三角合併について、障害をなくすように、アメリカなどが、政府レベルでは、日米投資イニシアティブを

Harv. Bus. Rev Sep. -Ocd.61（1989）がある。理論的に正しいとしても、ここでの問題は、非公開化をする取引そのものに危険が内在しているということにある。

(31) 相澤哲編著『一問一答　新・会社法』223頁（商事法務、2005年）。この見解については、批判が強い。例えば、落合誠一＝神田秀樹＝近藤光男『会社法Ⅱ——会社〔第7版〕』333頁（有斐閣、2006年）〔落合〕、江頭憲治郎『株式会社法』757頁注（3）（有斐閣、2006年）は、会社法の解釈論として、国際的な組織再編が妨げられるものではないとしている。

通して、民間レベルでは、在日米国商工会議所や欧州ビジネス協会が経団連に対して、要望を続けてきた[32]。

上述のように三角合併の仕組みは簡単で、会社法で必要な措置は、合併対価に外国親会社株式を含めることに尽きる。この点は、対価が柔軟化されて、何の限定も付されなくなった以上、関係規定が施行されれば、法的に可能であることに疑問はない。もっとも、日本国内で設立された消滅会社における株主総会決議の要件を、どの程度の重さにするかは、難問である。

会社法では、譲渡制限株式等（譲渡制限株式その他これに準ずるものとして法務省令で定めるもの）に外国会社株式が該当すれば、特殊決議が必要となる（会社法309条3項2号・783条3項）。譲渡制限株式が対価である場合に特殊決議という厳格な決議が必要となるのは、譲渡制限株式に譲渡性や換金性が乏しいからである。とすれば、いかに有名な外国会社の株式でも、日本の証券取引所に上場されていなければ、譲渡制限株式と同じような譲渡性や換金性しかないと考えられるが、この点の法務省令案は、現時点では明らかでない。先に述べたように、株式買取請求権に実効性が乏しいとすれば、承認要件の段階で縛りを厳しくするほかないであろう[33]。

合併等の対価の柔軟化を推し進めてきた主役の一人は、経団連であって、外資による三角合併に危機感が持たれるようになるや否や、方向転換をしたようでもあり、姿勢の一貫性に疑問がないではない。しかし、そもそも、事後的救済のみを頼りにして、規制緩和を一気に進めるという政策が妥当であったのか疑問の余地があり、その意味で、この部分の会社法制の現代化は、拙速であったとの批判が妥当しよう。

ともあれ、監査役としては、会社法施行規則の改正を待って、法の定める手続が履践されているかを、精査した上で、必要な対処をすべきことになろう。

---

[32] 多くの文書が飛び交っているが、詳しく紹介する余裕はない。議論の全体像については、塩田宏之「三角合併、経団連を走らす——外資の買収攻勢恐れ、防衛策の要望を連発」日経ビジネス2007年2月12日号94頁を参照。結局は、税制での妥協で落ち着きそうな雲行きではある。

[33] 中東正文「外国会社による三角合併」金融・商事判例1257号1頁（2007年）〔⇒本書第Ⅰ部第6章〕参照。

5 債務超過会社の組織再編

　債務超過会社を組織再編の当事会社にすることができるか、あるいは、組織再編の結果、債務超過会社を生み出すことができるか、という点は、古くから争いがあるところである。会社法の制定によって、合併差損などが生じることは明文で認められたが（会社法795条2項1号2号）(34)、実質的な債務超過会社(35)の取扱いについては、なお解釈論に委ねられている(36)。

　本稿では、債務超過会社の合併についてのみ、検討をすることにしよう(37)。典型的には、債務超過の子会社を親会社が合併する事例が考えられる。以前は、資本充実の原則が害されることを根拠として、債務超過会社の合併を否定する見解があったが、合併対価が柔軟化され、株式が発行されるとは限らなくなれば、このような論拠は説得力を失う。資本充実の原則が弱体化ないし消滅したとも説かれてもおり(38)、株式を対価とする場合ですら、債務超過会社を消滅会社とする吸収合併が一律に否定されるものではなくなった(39)。

　もっとも、無節操に債務超過会社の合併が認められる訳ではない。会社債

---

(34) 吸収合併契約等の株主総会による承認に当たって、取締役は、差損が生じることを説明しなければならない。

(35) ここでいう債務超過とは、簿価に基づく貸借対照表の純資産額がマイナスである場合（形式的債務超過）ではなく、資産を評価替えして、のれんを計上してもなお、純資産額がマイナスである場合（実質的債務超過）を意味する。

(36) 神田秀樹『会社法〔第8版〕』305頁（弘文堂、2006年）、藤田友敬「新会社法の意義と問題点─組織再編」商事法務1775号63頁注(34)（2006年）。債務超過会社の組織再編の問題については、平成16年ないし平成18年科学研究費補助金（基盤研究（C）(2)（課題番号16530054））、および、財団法人学術振興野村基金から、助成を受けた。

(37) 債務超過会社の株式交換と会社分割に関しては、弥永真生『リーガルマインド会社法〔第10版〕』21頁（有斐閣、2006年）など。私見の概要は、武井＝中東・前掲注(3)ビジネス法務2007年1月号15-18頁を参照されたい。詳しくは、中東・前掲注(5)などに譲る。

(38) 資本充実の原則は放棄されたとする見解として、神田・前掲注(36)244頁、弥永・前掲注(37)21頁など。資本充実の原則は維持されているとする見解として、小林量「資本（資本金）の意義」企業会計58巻9号31頁（2006年）、前田庸『会社法入門〔第11版〕』22頁（有斐閣、2006年）、江頭・前掲注(31)34頁。

(39) 相澤哲＝葉玉匡美＝郡谷大輔編著『論点解説　新・会社法　千問の道標』672-673頁（商事法務、2006年）。

権者に迷惑をかけることがあってはならないし、株主の利益を不当に害することも許されない。そもそも、経営判断として、会社に利益をもたらさない組織再編をすることは許されず、そのような取引を強行すれば、善管注意義務ないし忠実義務の違反が問題になる。会社に利益がもたらされるのであれば、株主にとっては、利益になることこそあれ、不利益を被ることはない。

存続会社としては、たとえ消滅会社が単体では債務超過であったとしても、合併による相乗効果（シナジー）を考慮に入れた上で、なお合併が存続会社の利益になると判断しているはずである。この点は、支配従属会社間の合併などでも同様であり、相乗効果が期待できる場合か、そうでなくとも、支配会社が実質的には従属会社の債務保証をしていると判断される場合には（従属会社を救済しなければ、支配会社の信用を傷つける）、債務超過会社を吸収合併するという支配会社の決定は経済合理性を有する。この意味で、実質的債務超過社の組織再編を一律に禁止するか否かという従来の議論は、硬直的であったのであろう[40]。

経営判断にも属する事項であるから、監査役としては、ここでも、意思決定の過程が適正に行われているかを中心に監査することになろう。すなわち、独立当事者間取引と評価できるのならば、相手方当事会社との交渉において、合併の成否や条件が決定されるから、ほぼ自動的に決定過程の適正さは保たれているとみてよい。

これに対して、債務超過会社を含む支配従属会社間で合併する場合のように、独立当事者間取引といえないのであれば、監査役は一段と注意が必要である。債務超過でない会社の監査役は、会社にとって利益となるという真摯な経営判断がなされる過程を監査すべきことになろう。債務超過会社の監査役は、法的な倒産手続に入っていない以上、異論も強いが、株主に何ら対価を受け取らせないような合併を認めるべきではないと解される。

6　敵対的買収に対する防衛

(1)　会社の支配に関する基本方針

敵対的買収は、会社の支配を誰が獲得するかという争いである。敵対的買

---

(40) 藤田・前掲注(27) 58頁参照。

収が起こる競争的な市場を、会社支配市場（market for corporate control）という。

最も美しい理論通りに敵対的買収が実践されるのなら、非効率な経営をしている現在の取締役から、効率的な経営を行うと期待される敵対的買収者に支配が移転して、経営の効率性が高まる。敵対的買収の脅威によって、上場会社の経営者は、買収の対象とならないように、日頃から効率的な経営を行うことを促される。

問題は、企業価値を損なう買収が着手される可能性が否定できないことである。例えば、先に述べたように、強圧的な二段階公開買付を用いて、買収者が不本意な株主から株式を取得してしまう場合である。優良な会社を安く買い叩いた者が、より効率的な経営をするのか、疑問が払拭できない。会社を解体させてしまい、従業員との暗黙の契約を破り、従業員から富の移転をするだけの買収も、継続企業の価値を毀損するものであるかもしれない。

一定の場合に、取締役が主導して、会社の支配を維持する必要があることは否定できない。他方で、防衛策を講じれば、取締役の自己保身（entrenchment）につながるという側面もまた、否定することができない。監査役は、より中立的な立場を取ることができるように、身分保障の度合いが取締役よりも高い（前述3参照）。敵対的買収における監査役、とりわけ社外監査役の果たすべき役割は大きい。

当面、課題になるのは、事業報告における「株式会社の支配に関する基本方針」に関する記載（会社法施行規則127条）に対する監査である。会社の重要な業務執行の決定であるから、取締役会決議事項であり（会社法362条4項）、これを決定する取締役会でも、監査役は必要があると認めるときに意見を述べなければならない（同383条1項）。

事業報告には、「株式会社が当該株式会社の財務及び事業の方針の決定を支配する者の在り方に関する基本方針」（「基本方針」）を定めている場合には、次に掲げる事項を事業報告の内容としなければならない。

一 基本方針の内容
二 次に掲げる取組みの具体的な内容
　イ 当該株式会社の財産の有効な活用、適切な企業集団の形成その他の基本方針の実現に資する特別な取組み

ロ　基本方針に照らして不適切な者によって当該株式会社の財務及び事業の方針の決定が支配されることを防止するための取組み
　三　前号の取組みの次に掲げる要件への該当性に関する当該株式会社の取締役（取締役会設置会社にあっては、取締役会）の判断及びその判断に係る理由（当該理由が社外役員の存否に関する事項のみである場合における当該事項を除く。）
　　イ　当該取組みが基本方針に沿うものであること。
　　ロ　当該取組みが当該株式会社の株主の共同の利益を損なうものではないこと。
　　ハ　当該取組みが当該株式会社の会社役員の地位の維持を目的とするものではないこと。

　会社法施行規則は、単に記載を求めているだけであり、会社の支配に関する基本方針の開示に重点を置いている[41]。とはいえ、具体的な取組みが、「会社の株主の共同の利益を損なうものではないこと」や、「会社の会社役員の地位の維持を目的とするものではないこと」の理由の記載も求めており、実質的な規制をも行っている。

　監査役は、これらの趣旨に合致するものであるのかを、適法性監査の一環として行う必要がある。そのためにも、以下で述べるような種々の指針等の概要を確認しておくのが望ましい。もっとも、この分野の技術革新の速度は驚異的であるし、高度に専門的であるから、M&A法制に長けた弁護士等に助言を求めるのが理想的であろう[42]。

---

[41] 開示に重点を置いていることから、何も決定をしていなければ、事業報告に記載する必要はないし、記載がないからといって、防衛策の発動が許されなくなる訳でもない。しかし、ある種のリスク管理の一環であるから、平時に何も決めていない会社が、有事に慌てて防衛策を講じれば、司法審査において多少なりとも不利に扱われるのは避け難いのかもしれない。

[42] 費用は会社に負担させればよい（会社法388条）。取締役が助言を受けていない弁護士に相談をすべきであることは、言うまでもない。法務部などに説明を求めるのは必要なことでもあるが、法務部は取締役の側の存在であるから、説明を鵜呑みにするのであれば、法が期待する監査を果たしたとはいえない。なお、弁護士に相談をすると、会社に二重に費用を負担させるようにもみえるが、監査役が助言を依頼して、適法性を確認した弁護士は、もしも会社が敵対的買収の対象とされた場合に、買収者側に助言することは難しいであろう。この分野を得意とする法律事務所は多くないから、

第9章 M&Aを巡る最近の動向——対価柔軟化——

(2) 買収防衛策

買収防衛策には、有事に導入と発動が同時になされるもの（有事導入型）、平時に導入され、有事に発動されるもの（平時導入型）に大別される。

平時導入型であっても、実際に発動する場面では、有事導入型の防衛策と同じ基準の司法審査に服すると考えるべきである。この意味でも、考え方の基本は共通する。事業報告の記載でも示されているように、① 会社の株主の共同の利益を守るためのものであり、しかも、② 取締役の地位の維持を目的としないものであることが必要である。平時導入型の買収防衛策は、これらを満たす形で設計されなければならない。以下では、平時導入型買収防衛策のみを取り扱う[43]。

平時導入型防衛策は、取締役会決議で導入されるものもあれば、取締役会決議を経て、株主総会で承認の上で導入されるものもある。いずれにせよ、監査役が出席すべき取締役会に附議されるから、そこでは、監査役としての義務を果たす必要がある。

提案された防衛策の適法性を判断する際に、出発点となるのは、平成17年5月27日に、経済産業省と法務省によって策定された「企業価値・株主共同の利益の確保又は向上のための買収防衛策に関する指針」（買収防衛指針）[44]である。この行政指針は、それ自体、法的な規範ではない。しかし、策定以降の裁判例でも尊重されてきているし、また、具体的な買収防衛策を導入した会社においては、概要等を知らせるリリースで、「買収防衛指針を完全に満たしている」として、適法性を強調する例が多い。監査役としては、この買収防衛指針の精神を熟慮し、適法性を判断することが求められる。取締役会でも、疑問が残る限りは、質問を尽くすべきである。

買収防衛指針では、必要性と相当性を確保し高める手段として、独立社外

会社にとっても、無益な支出とはならない。なお、買収防衛策のように機密性が高い議題は、事前に通知されているとは限らないから、取締役会の後に弁護士に相談をして、事後的に必要な対応をすることも念頭に置く必要があろう。

(43) 有事導入型の防衛策が問題となるときは、十分な準備がない中で、検討の時間も限られているから、監査役に M&A に強い弁護士等がいるという事情がないのなら、外部の弁護士に助言を求めることが、賢明であろう。

(44) 別冊商事法務編集部編『企業価値報告書・買収防衛策に関する指針』（別冊商事法務287号）121頁（商事法務、2005年）に所収されている。

者の意見を尊重することが示唆されている。これまでに導入された買収防衛策でも、独立社外者で構成される特別委員会が設置される例が少なくない。独立社外者には、社外取締役、社外監査役、社外の弁護士、学者などが選ばれる。社外監査役が、特別委員会の構成員に選ばれた場合には、会社の費用負担において弁護士等からの助言を得る権限などが約定されるのが通例であり[45]、同委員会に与えられた権限を最大限に活用すべきである。これを可能とするためには、他の場面でも同様であるが、日頃から頼りになる弁護士等を、監査役自身で確保しておくことが大切である。

　なお、上場会社が買収防衛策を導入する際には、証券取引所の規則を遵守する必要がある。買収防衛策の適時開示などが求められているが、監査役監査の実質に関わる部分では、事前相談をすることが求められている点に留意するのが賢明であろう[46]。事前相談に立ち会う必要は通常ないが、相談の経過と結果について、取締役会で十分に説明を受けることが重要であり、これを納得ができるまで行えば、監査役としての義務を果たしたといえるのが通例であろう。

7　証券法制による開示

　前述のように、証券取引所によって、買収防衛策の開示が求められているが、開示の重要性は、より広い場面で妥当する。

　この点、組織再編行為、公開買付、MBOなどに関する適時開示を充実するため、平成18年証券取引法改正を受けて、発行者以外の者による株券等の公開買付の開示に関する内閣府令（他社株府令）が改正された（平成18年12月13日施行）[47]。これを受けて、東京証券取引所においても、要請文「合併等の

---

[45] 会社の従業員に助言や助力を求めることは適切ではなく、可能であれば、知古の法律事務所等に協力を依頼し、法的及び財務的な助言を受けつつ、また、委員会の議事録や結論を文書化する作業も、弁護士に依頼するのが賢明であろう。もちろん、最終的な判断は、特別委員会が自ら行わなければならない。

[46] 東京証券取引所の上場制度の整備について、下村昌作「買収防衛策の導入に係る上場制度の整備等に関する要綱試案の公表」商事法務1751号24頁（2005年）、飯田一弘「買収防衛策の導入に係る上場制度の整備」商事法務1760号18頁（2006年）。

[47] 大来志郎「公開買付制度の見直しに係る政令・内閣府令の一部改正の概要」商事法務1786号4頁（2006年）。

第9章　M&Aを巡る最近の動向——対価柔軟化——

組織再編、公開買付け、MBO等の開示の充実に関する要請について」（平成18年12月13日付東証上管第1338号）が発出されている[48]。

金融審議会公開買付制度等ワーキング・グループ報告においては、MBOや親会社による子会社株式の買付について、経営陣等が買付者となり、株主との間で利益相反が問題となることがあり得ることから、公開買付価格の妥当性や利益相反を回避するためにとられている方策等について、一般の公開買付よりも、きめ細やかな開示が必要であると提言されていた[49]。

そこで、MBO等による買付の場合には、①「買付け等の価格の算定に当たり参考とした第三者による評価書、意見書その他これらに類するものがある場合には、その写し」の公開買付届出書への添付を求める（他社株府令8条1項8号）。②買付価格の「算定の経緯」欄には、「算定の際に第三者の意見を聴取した場合に、当該第三者の名称、意見と概要及び当該意見を踏まえて買付価格を決定するに至った経緯を具体的に記載すること。公開買付者が対象者の経営者、経営者の依頼に基づき当該公開買付けを行う者又は対象者を子会社……とする会社その他対象者を実質的に支配している法人であって、買付価格の公正性を担保するためのその他の措置を講じているときは、その具体的内容も記載すること」とされる（他社株府令第二号様式記載上の注意(6)f）。さらに、③「公開買付者が対象者の経営者、経営者の依頼に基づき当該公開買付けを行う者又は対象者を子会社とする会社その他の法人等である場合には、当該公開買付けの実施を決定するに至った意思決定の経緯を具体的に記載すること。利益相反を回避する措置を講じているときは、その具体的内容を記載すること」とされている（他社株府令第二号様式記載上の注意(25)）。

要するに、MBOであれ、支配従属会社間の公開買付であれ、利益相反の契機が存在する場面では、より詳細な開示を求めて、ひいては、実際にも公正な形で行われることが期待されている。監査役は、この趣旨を十分に理解して、MBO等の監査に臨まなければならない。

なお、上記①に関して、パブリック・コメントの段階で、「『価格の算定に

---

(48) 青克美＝内藤友則「合併等の組織再編行為、公開買付け、MBO等に関する適時開示の見直しの概要」商事法務1789号37頁（2007年）。
(49) 大来・前掲注(47) 5-6頁。

55

当たり参考とした第三者による評価書』では適用範囲が広すぎるので、『価格に係る第三者による評価書』とすべきである」との意見が寄せられた。これに対して、金融庁は、「投資者への十分な情報提供の観点から、公開買付価格の決定プロセス等に係る開示の充実、MBO等の局面における公開買付価格の妥当性や利益相反回避に〈ママ〉ための方策に係る開示の充実等が必要と考えられます。そのような考え方を踏まえ、MBO等の局面において求める添付書類の範囲を法定化しているところです」と答えている[50]。

第三者による評価書を得た以上は、公開買付者に不利な内容のものであっても、添付させることにして、これによって、利益相反に起因する弊害をできるだけ除去しようとしている。自分に都合の良い評価書が出るまで買い漁る（オピニオン・ショッピング）ことには、否定的な態度であるといえよう。

監査役も、この趣旨を十分に理解して、MBO等の決定プロセスを監査すべきである。

8　結　語

M&Aは、複雑かつ高度な技術を駆使して行われる。そのため、制定法、判例法、自主規制機関の規則、行政の指針など、考慮すべき法規範などが多く存在している。監査役が、これらを全て消化しておくことは、およそ不可能であるし、法は不可能を強いるものではない。

合併等対価の柔軟化を前にして、更に議論の奥行きは深まるが、監査役に期待される基本的な姿勢には、大きな変化はない。監査の要点を理解して、特段の留意が必要な局面に直面したときに、取締役から独立して、適法性の判断を行い、必要と認めれば、差止め等の措置を講じることに尽きる。感性の問題としては、取締役に利益相反の契機がないか否かを注視すべきである。

さらに精査が必要と考えれば、M&Aのように高度に専門的な分野だけに、弁護士等の専門家を積極的に活用すべきである。監査役が目前の状況についての説明に納得できないのであれば、まして一般株主が理解できるはずはない。事前警告型買収防衛策の特別委員会でも同様であるが、監査役は株主か

---

[50] 金融庁「『証券取引法等の一部改正に伴う証券取引法施行令等の改正（案）』に対するパブリックコメントの結果について（別紙1）コメントの概要及びコメントに対する金融庁の考え方」20頁（第62番）（平成18年12月13日）。

第9章　M&Aを巡る最近の動向——対価柔軟化——

ら信任を受けて、最終的には、自らの判断を平易な言葉で株主に語ることが期待されていると心得るべきであろう。

第Ⅱ部　法理の具体的な実践

第Ⅱ部　法理の具体的な実践

第1章　不当な比率による合併と取締役の責任
――最三小判平成8年1月23日（平7(オ)2130号、
損害賠償請求（株主代表訴訟）上告事件〔上告棄却〕――

1　事実の概要と判旨

① 事　　実　　本件(1)は、旧王子製紙と旧神崎製紙の合併に際して、旧神崎製紙が負っていた75億円の簿外債務を考慮しないで合併比率が定められたことを不服として、原告が新王子製紙の取締役および監査役ら48名を被告として、株主代表訴訟を提起したものである。

　原告の主張はさほど明確ではないし、被告がどのような対応をしたのかも必ずしも明らかではない。ともあれ、東京地裁、東京高裁および最高裁はいずれも、「仮に」合併比率が不公正であるとしても、本件訴えは棄却されるべきであるとの判断で一致している。「株主間の不公平が生じるだけであって、合併後の会社自体には損害が生じることはないことが明らかである」というのである。

② 裁判の経過　　第一審である東京地裁は、以下のように判示して、原告株主の請求を棄却した（東京地判平成6年11月24日資料版／商事法務130号89頁）。すなわち、「仮に、合併比率が不当で、被吸収会社の株主に対しその資産内容等に比して過当な存続会社株式の割当が行われたとした場合、被吸収会社の株主が不当に利得する反面、存続会社の株主が損失を被ることになり、合併無効の原因となることはありうるであろう。しかし、このような不当な合併比率による合併の場合であっても、合併前の各会社の資産及び負債はすべて合併後の会社に引き継がれ、他への資産の流失や新たな債務負担はないのであるから、前述のような株主間の不公平が生じるだけであって、合併後の会社自体に損害が生じることはないことが明らかである。」

（1）資料版／商事法務143号158頁。原告の主張については、東京地判平成6年11月24日資料版／商事法務130号89頁、91頁参照。訴状については、資料版／商事121号155頁。

控訴審でも、東京地裁の判決の掲げた理由がそのまま引用されたほか、次の理由が付言された（東京高判平成7年6月14日資料版／商事法務143号161頁）。「仮に旧神崎製紙の取締役であったAが株式の先物取引等で同社に損害を与え、あるいはその当時における同社の取締役らがその任務を怠り同社に損害を与えていたとしても、これによる同社の右取締役らに対する損害賠償請求権は右合併により新王子製紙に承継取得され、新王子製紙は、右合併後、承継取得した右損害賠償請求権を行使することができるのであるから、右請求権の行使不能等による損害は別として、また、このような損害が見込まれることによる合併比率の当否等の問題は別として、右合併自体によって直ちに75億円の損害が新王子製紙に生じたものとすることはできない。」

原告株主の上告に対して、最高裁は、「記録に照らすと、原判決に所論の違法は認められない」としている（最判平成8年1月23日資料版／商事法務143号158頁）。

2　学説・判例の状況[(2)]

① 本判決の意義　　本判決（最高裁判決）は、不公正な合併比率で合併が行われた場合に、当事会社の株主が代表訴訟を提起して、会社に損害を回復するように請求できるかが争われた事件である。最高裁は自ら多くを述べている訳ではないが、本案で実質的な判断を初めて示した判決であり注目される。

本件については、ほぼ並行して、三井物産事件に関する裁判が進行していた。こちらは、同様に合併比率の公正さが問題とされ、担保提供申立命令事件として最高裁まで争われたものである。第一審は、本件と同じく東京地裁であり、本件の地裁判決がほぼそのまま理由として利用されている（東京地決平成6年11月30日資料版／商事法務89頁）。その上で、「本案訴訟の請求は原告の独自の見解に基づき損害の発生を主張するものであって、主張自体失当というほかなく……原告の悪意を認めるべき場合にあたる」と判示された。東京高裁も、原決定の理由をそのまま引用して、抗告を棄却した（東京高決平成7年1月20日資料版／商事法務132号48頁）。さらに原告は特別上告をしたが、最高

---

(2) 代表訴訟を研究されている山田泰弘准教授（立命館大学法学部）には、有益なご示唆をいただいた。

裁は、特別抗告理由が存しないとして門前払いの決定をしている（最決平成7年4月21日資料版／商事法務136号63頁）。

本件においては、原告が東京高裁に控訴した後、被告側が担保提供命令を申し立てていたが、高裁判決の前日（平成7年6月13日）に申立を取り下げている。三井物産事件の最高裁決定（平成7年4月14日）をも視野に入れながら、事件の早期決着を狙ったものであろう。三井物産事件は、事実関係や疎明の問題として却下決定をしたものではなく、法律論として原告の主張を仮に全面的に認めたとしても担保提供を認めないという決定であったから、本件の被告は申立の取り下げにつき少なからぬ自信があったことであろう。

② 判旨の分析　既に述べたように、本件判旨は、「合併後の会社自体には損害が生じることはないことが明らか」であるとして、取締役などの会社への責任を追及する代表訴訟を棄却している。会社に損害が発生していないとすれば、追及すべき責任が存在していないのであるから、一連の裁判は、かなりの説得力を有するようにも思える。学説でも、前述の三井物産事件についてのものであるが、「合併前の各会社の資産および負債はすべて合併後の会社に引き継がれ、他への資産の流失や新たな債務負担はないのであるから、株主間の不公平が生じることはあっても、合併後の会社自体には損害が生じることはなく、担保提供を命じやすい事案であったと思われる」と説くものがある[3]。

しかしながら、本当にそうであるかは、他の組織の変動との比較において、今一度検討してみる必要があると考えられる。判旨は、資産の流失などがないから会社自体に損害がないとしている。では、第三者割当増資の発行価額が不公正であるとして争われた場合については、どのように考えるべきか。

他方で、合併ならば資産の流失はないと言い切れるものではない。合併交付金を伴う合併であれば、僅かであるかもしれないが、会社からの資産の流失が現実に生じることになる。その上、近時では、現行法の解釈としても、現金のみを対価とする合併（交付金合併ないし現金交付合併）が認められると主張する見解も有力になっており、そのような立場を採るならば、判旨のような論拠が妥当するものかが一層厳しく問われることになろう。

（3）小林秀之＝原強『株主代表訴訟』63頁（1996年）。

第1章　不当な比率による合併と取締役の責任

　さらには、営業譲渡という企業結合手法との比較検討も必要であると考えられる。とりわけ、営業譲渡が譲受会社の株式を対価としてなされた場合には、判旨の立場からはどのように解することになるのかが必ずしも明らかではない。

　③　新株の不公正発行の場合との比較　　既に述べたように、第三者割当増資の発行価額が不公正であるとして争われた場合には、会社に発行価額が払い込まれるだけであり、他への資産の流失や新たな債務負担はないとみることもできよう。このような場合には、旧来の株主は、不公正な価額であったとして、代表訴訟を提起して、その差額につき取締役に対して損害賠償を請求することができるのであろうか。

　まさにこのような点が現在も争われているのが、サイボー事件である。この事件では、サイボーが行った第三者割当増資に関して、取締役会決議において著しく不公正な発行価額が定められたことにより、サイボーに総額約84億円の損害が生じたとして、当時の取締役などに対して、同社の株主が代表訴訟を提起したものである。これに対して、被告は、担保提供命令を申し立てた。

　この担保提供命令申立事件について、浦和地裁は、「現時点での疎明によっては、本件新株発行における公正な発行価額に関する相手方の主張が事実的、法律的根拠を欠くものであって、本件本案訴訟の提起が代表訴訟制度の趣旨、目的に照らして著しく相当性を欠くものであるとは認めることができない」として、担保提供の申立を却下した（浦和地決平成7年8月29日判時1562号124頁）。被告は抗告したが、東京高裁も、原決定の理由をほぼ踏襲しつつ、抗告を棄却した（東京高決平成8年2月28日資料版／商事法務123頁）。

　この事件では、会社からの資産の流失はなく、株主間の不公平の問題はあっても、会社に損害が生じてはいないとの判断も可能であったはずである。決定に先立って三井物産事件や本件が明らかになっていた訳であるから、被告の対応に優劣はあれ、なぜそのような判断に至らなかったか、バランス論としては疑問である。もしもサイボー事件での裁判所の判断が妥当なものであるとするならば、本件に関する判断の妥当性もあやしくなる。

　ところで、サイボー事件で一層明確になる問題点は、仮に公正な価額との差額として主張されている額を取締役が会社に対して支払ったとすると、新

63

株発行前の株主のみならず、不公正な価額で株式を引き受けた者もが、利益を享受することになってしまうことである(商法280条ノ11)。同種の問題は、本件では目立ちにくいが、同じように生じるはずである。つまり新王子製紙に賠償を受け取らせると、旧神崎製紙の株主であった者も利得することになるのである。不公正に有利な取り扱いを受けた者にとっては、利得の二重取りになり、他方で、不利な取り扱いを受けた者にとっては、十分な損害の回復がなされないことにもなりかねない。その意味では、筋の悪い請求にならざるを得ない面もある。

ともあれ、サイボー事件では、合併の場合のように門前払いをされている訳ではないことに注目すべきである。それらを区別する根拠は、果たして存在するのであろうか[4]。本来ならば入ってくるはずの金銭(＝割引分)が会社に帰属しなかったという点をとらえれば、金銭の流失と同様に評価できるのであろうか。

④ 合併交付金を伴う合併の場合　同じく合併とはいっても、合併交付金が利用される場合についても、判旨が述べている論拠は妥当するのであろうか。

合併交付金が利用される場合には、消滅会社の株主に対して現金が現実に支払われることになる。存続会社の株主が、合併比率が不公正であるとして争おうとしている場合には、現に会社から資産が消失してしまっている訳である。大型合併になれば、その金額も些少ではないであろう。

この点を強調すれば、本件の判旨の射程範囲については、次のような理解が可能である。つまり、合併交付金が用いられている場合には、その範囲で資産の消失が生じているから、その限りで合併後の会社に損害が発生しているという考えである。この見方によれば、少なくとも存続会社の株主は、不公正な合併比率を定めた取締役の責任を追及する余地があるであろう。

この場合にも、先に述べたように、会社に対して賠償させると不公正に有利な合併比率で存続会社株式や合併交付金を受け取った株主もが、取締役が会社に対して損害賠償をすることによって、利得を受けることになるという

---

(4) 一つ考えられるのは、株式買取請求権との関係である。合併では株主に公正な価格を受け取って離脱する道が残されているが、不公正発行の場合にはそのような手段が設けられてはいない。

問題が存在する。

　さらに、近時は、現行法の解釈としても、アメリカのほぼ全ての州で許容されているように、交付金合併が許されるとする見解も有力である[(5)]。合併の対価が現金だけという場合であるから、合併交付金が交付される場合の最も極端な事例であるとみることもできる。交付金合併がなされると、消滅会社の価値に相応するだけの現金が存続会社から消失する。消滅会社の株主には存続会社の株式が交付されないから、存続会社への株主の収容は行われない。このような場合には、本件や三井物産事件に関する裁判例が示しているように、合併後の会社に損害がないからという理由だけで、存続会社の取締役らに対する株主代表訴訟を退けることはできないであろう。

　交付金合併は、合併という形式をとっているものの、対価に着目すれば、これまでわが国で馴染みが深いものとしては、むしろ営業譲渡に近いものである。債権債務の包括承継がなされるか、あるいは、消滅会社が譲渡会社とは異なり清算手続を経ずに当然に解散することになるかの点で異なるのみである。そこで、次に、営業譲渡（譲受）の場合との比較において、本件に関する裁判所の判断を検討することにする。

　⑤　営業譲渡（譲受）の場合との比較　　営業の譲受が現金を対価として行われた場合に、その対価が不公正であったとすれば、譲受会社の取締役は、善管義務または忠実義務違反があるときに、会社に対して損害賠償義務を負うことに疑いはないであろう。

　営業の譲受は、現金を対価としなくても、譲受会社の株式を対価として、これを行うことが可能である（現物出資による第三者割当増資）。この場合には、会社から資産の流失はないと判断できるのであろうか。それがないと考えるのであれば、譲受の対価が現金であった場合とは異なり、取締役の責任は生じないということになろう。これに対して、自己株式も会社の資産にほかならないという立場を採れば、資産の流失があったと評価することも可能であり、取締役の責任が発生する可能性がある。

　前者の理解に立てば、合併の場合にもまた、資産の流失は存在しないと考

――――――――――
（5）　柴田和史「合併法理の再構成（6・完）」法学協会雑誌107巻1号39頁、58頁以下（1990年）、江頭憲治郎『結合企業法の立法と解釈』261頁以下（1995年）。

第Ⅱ部　法理の具体的な実践

えるべきことになろう。これとは逆に、後者の理解に立てば、合併の場合にも、消滅会社の株主に対して公正な割合をこえて新株を発行したとすれば、その超過部分については資産の流失があったと考えてもよさそうではある。というのも、① 譲受会社の株式を対価とする営業の全部の譲受を行い、消滅会社において解散および清算（譲受会社株式の分配）の手続を経た場合と、② 存続会社の株式を対価とする合併を行った場合とでは、企業結合後の会社の資産内容にしても、会社の株式所有関係にしても、ほとんど異ならないからである。

　これらの見方の違いは、おそらくは、合併後あるいは営業譲受後の会社の株式に資産性を認めるか否かの判断に帰着するのであろう。なお、営業譲渡の場合には、対価が現金などである限りは、会社に損害を回復させることによって、当該営業譲渡によって不利益を被った者が、しかもそのような者のみが、不利益を回復することができる。この点は、交付金合併の場合でも同様である。

　⑥　若干の展望　　以上のように、本件判決は、考えれば考えるほどよく分からないような難解な問題を提示する。複雑に絡み合った諸問題を解きほぐしていく際には、一定の視座が必要であろう。ここでは、2つの視座を提示しておくこととしたい。

　1つは、会社の組織の変動に関わる問題として、種々の場面を統一的に理解していくというスタンスである。このような立場を採用するならば、おそらくは、会社財産の流失は存在しており、会社には損害が発生しているという立場で一貫性を持たせることになるであろう。解釈論としては、会社の株式は資産性を有するのであって、不公正な割当比率での新株の発行は、全て会社資産の流失として会社に損害を与える行為であると解することになる。この意味では、本件と三井物産事件に関する判決や決定は、誤った方向性を有するものとして、批判されるべきである。

　今一つは、上述の種々の場面を統一的に理解しようとするのをやめて、不満を持つ原告の争い方につき、別の道を開けようとするスタンスである。合併についていえば、具体的には、合併無効の訴えという手段であり、あるいは、商法266条ノ3や民法709条のような直接訴訟という手段である。この点については、今後の争い方として、項を改めて論じることにしよう。

3　実務への示唆

① 今後の争い方　合併比率に不満を持つ株主がいた場合に、本件では代表訴訟が用いられたが、その他にどのような手段が考えられるのであろうか。

まず最初に考えられるのが、合併無効の訴えである（商法415条）。本件でも、合併の日から6か月以内という提訴期間は経過していなかった（商法415条、105条参照）。もっとも、最高裁は、本件の訴え提起前に、合併比率が不公正であることは合併の無効原因とはならないと判示していたから（最判平成5年10月5日資料版/商事法務116号196頁）、そのような主張をもって、原告が勝訴する見通しを持つことは難しかったであろう。

とはいえ、注目に値するのは、この最高裁判決の後であるにもかかわらず、本件で東京地裁が、「合併比率が不当で、被吸収会社の株主に対しその資産内容等に比して過当な存続会社株式の割当が行われたとした場合、……合併無効の原因となることはありうる」と明確に述べている点である。こちらの方向で、紛争を処理していくのも一つの考えであろう。

今一つは、代表訴訟という形式で取締役の義務違反を追及するのではなくて、商法266条ノ3や民法709条といった直接訴訟で、合併比率の公正さを争うという方向性である。この形であれば、不利益を被った者に対してのみ、損害が回復されることが明確になるというメリットがあろう。合併比率が不公正であったがゆえに利益を受けた者が重ねて利益を受けることもない。また、不公正な新株発行や営業譲受でも一貫した取り扱いができるから、この点もメリットであると考えることができる。

ただ、問題なのは、取締役らから奪うことができる損害賠償額が少なくなってしまうことである。本件の場合でも、原告は少なくとも1,000株を継続して保有していると主張しているが、発行済株式総数は約740億株であるから、本件の損害額（請求額）の75億円と単純に計算すると、もし直接訴訟を起こすとすれば、原告は100円程度の損害賠償請求をすることができるのみである[6]。このような請求が可能なだけでは、取締役に公正な合併比率

（6）選定当事者の制度（民事訴訟法30条）がどれだけ機能するかが当面の問題となろう。

第Ⅱ部　法理の具体的な実践

を算定させるという法の目標を私人の働きによって実現させることは困難であろう。

②　実務の心構え　　最後に本判決を踏まえて、実務としては、どのような心構えを持って対応すべきかを簡単に検討することにしたい。

まず、本判決が出たからといって、安直に合併比率を決定し、不公正な合併比率で合併しても実務的に安心であると考えるべきではなかろう。合併交付金が利用された場合に、本件や三井物産事件の一連の裁判例がそのまま適用されるかどうかは、大いに疑問である。さらには、最高裁が先例を覆して、合併無効の訴えを認める可能性すらないとはいえないであろう。

また、合併でこのような結論が示されたからといって、合併以外の企業結合について同様の判断がなされるとは言い切れないことにも注意を要しよう。新株発行による資本提携や営業譲渡（譲受）などの場面では、本判決を前提としても、既存株主の利益を害しないように慎重な考慮を必要とするであろう。

なお、本件の高裁判決が述べているように、合併前の取締役の責任についても、注意すべきである。合併して会社が消滅しようとも、それ以前に発生した取締役としての責任については、存続会社に当然に承継される。

第2章　UFJ vs. 住友信託 vs. 三菱東京
──法的問題点の整理と司法の役割──

1　序　論

　本件に関係する会社は、一連の裁判所の決定に呼応して、柔軟かつ機敏に対応してきている。裁判所の対応もまた、驚くほど迅速であった。事件が東京地裁に持ち込まれたのが、2004年7月16日、最高裁で決着がついたのが同年8月30日であるから、異例の早さであると言えよう。

　本章では、この一連の流れを、主として法律的な論争点に注目して分析して、今後のビジネス・プランニングに与える示唆を探ることにしたい。さらには、最高裁決定後も、大きな問題を提起する出来事が起こっており、この点についても問題意識を提示したい。

2　東京地裁での争い

(1)　住友信託銀行、完全勝訴──東京地裁7月27日決定──

　住友信託銀行は、2004年7月16日、UFJグループ（UFJホールディングス、UFJ信託銀行、UFJ銀行）が、住友信託銀行以外の第三者との間で、UFJ信託銀行の営業の第三者への営業の移転、第三者との合併、会社分割等の取引に関する情報提供または協議を行ってはならないとして、東京地裁に差止め仮処分の申立てをした。

　これは、住友信託銀行とUFJグループとの間で同年5月21日に締結した「基本合意書」の第12条の後段において、「各当事者は、直接又は間接を問わず、第三者に対し又は第三者との間で本基本合意書の目的と抵触しうる取引等にかかる情報提供・協議を行わないものとする」（以下、独占交渉権付与条項）と定められていたことを根拠とするものである。

　本件の申立ては、仮の地位を定める仮処分命令を求めるものであり、「争いがある権利関係について債権者に生ずる著しい損害又は急迫の危険を避け

るためこれを必要とするときに発することができる」（民事保全法23条2項。なお同法13条参照）。つまり、差止めの仮処分が認められるためには、① 被保全権利が存在し、かつ、② 保全の必要性が認められることが必要である。

東京地裁は、7月27日、住友信託銀行の申立てを認め、情報提供または協議の差止めの仮処分を決定した。決定文は、双方の申立てによって、当事者公開となっており（民事訴訟法92条）、要旨のみしか公表されていないが、被保全権利の有無が主たる争点とされたことがうかがわれる。すなわち、上述の独占交渉権付与条項に法的な拘束力があるのか否かである。

法的拘束力の有無について、東京地裁は、まず、当事者間で権利義務を定めた一定の合意内容を証する書面が作成された場合には、特段の事情がない限り法的拘束力があると推認するのが相当であると、一般論を述べる。その後に、本件においても、交渉経緯などに鑑みて、法的拘束力を有すると認めた。保全の必要性については、仮処分が認められなければ、住友信託銀行に著しい損害または急迫の危険が生じることが明らかであるとした。

このように、訴訟の第一幕は、住友信託銀行の完全な勝訴に終わり、同社は決定の日に、「今回の司法による迅速な決定は、自由主義経済を支える契約遵守の重要性を確認した点で、公正かつ適切な判断である」とのリリースを発表した。

(2) **住友信託銀行、再び勝訴**——東京地裁8月4日決定——

差止めの仮処分を認める決定に対して、UFJグループは、直ちに、保全異議の申立てを東京地裁に対して行った（民事保全法26条）。

東京地裁（原原審）は、再び、住友信託銀行の主張に軍配を上げ、7月27日の仮処分決定を認可した（民事保全法32条）。被保全権利については、本件独占交渉権付与条項には法的拘束力があると認め、保全の必要性についても肯定した。

このように結論的には、差止めの仮処分の効力が維持されたものの、住友信託銀行にとっては、一抹の不安を感じる内容でもあったろう。というのは、公表されている決定要旨によると、本件独占交渉権付与条項に法的拘束力を肯定しながらも、基本合意書の締結後の事情により失効したとは認められないと言及されている。法的拘束力が事後的に効力を失う場合があり得ること

第2章　UFJ vs. 住友信託 vs. 三菱東京

を示唆しており、この点が、次の東京高裁の決定につながっていく。

また、保全の必要性に関しても、7月27日の決定は、債権者である住友信託銀行に生じる損害等のみを考慮していたが、8月4日の決定では、債務者であるUFJグループが差止めの仮処分によって被る可能性のある不利益についても配慮をして、比較衡量の後に、保全の必要性を認めた。この点が、最高裁の決定につながっていく。

(3) 法的拘束力と差止めの仮処分

① 法学界の意見二分？　東京地裁で事件が係争されている頃、学界や法曹界でも、基本合意書における独占交渉権付与条項についての議論がなされることになり、各種メディアでも、学者や弁護士の見解が取り上げられることが多くなった。

例えば、田山輝明教授と筆者（中東）との見解の対立を、2つめの東京地裁の決定の翌朝、日本経済新聞が報道している（2004年8月5日朝刊）。見出しには、「交渉差し止め　法学界の意見二分」と示され、決定に否定的な田山教授の見解については、「自由な経済活動の制限も」と、肯定派の筆者の見解については、「事後処理でない決定評価」と、対立軸が設定されている。

② 独占交渉権付与条項の法的拘束力　独占交渉権付与条項の法的拘束力については、7月27日の東京地裁決定が説示するように、一般的には認められるべきであろう。約定書の名称が、「覚書」であれ、「基本合意書」であれ、必要な機関決定を経て（本件では、取締役会決議（商法260条2項参照）であろう）、代表取締役によって締結されたものであれば、特段の事情がない限り、全ての約定には、法的拘束力が認められるべきである。

本件の基本合意書は公開されていないが、独占交渉権付与条項についての法的拘束力について、定めがないからこそ、このような紛争が生じている。この点、M&Aの実務としては、特段の定めがない限り、法的な拘束力を有すると考えられてきていたのではないか。

例えば、預金保険機構が関係する事例であるが、旧日本長期信用銀行の全株式のニュー・LTCB・パートナーズへの売却に関して、1999年12月24日付の基本合意書においても、第14条1条において、「全当事者は、本基本合意書が、14.1項乃至14.6項を除き、法的拘束力を持たず、強制執行することが

できないものであることを確認する」と規定されている。この規定により、第14条2項には法的拘束力が備わっていることが明確であるが、そこでは、預金保険機構が他との交渉を行わないことが約定されている。また、預金保険機構による旧日本債券信用銀行の株式の売却に関する2000年6月6日付の基本合意書においても、同様の規定が盛り込まれている（いずれも金融庁のホームページに掲載されている）。

以上のように、少なくとも洗練された企業実務においては、とくに定めを置かなければ、全ての条項が原則として法的拘束力を有することが前提とされてきた。このような専門家の間での常識は、一般の契約に関する一般人の感覚にも、よく適合したものであると思われる。ただ、この点が争われるようになった以上、今後の基本合意書等の作成にあたっては、先の例のように、法的拘束力の有無を明示することになろうか。

さらに、独占交渉権付与条項や排他的交渉条項は、今後の交渉の前提となる約定であることに留意が必要である。最終的な合意に向けての交渉について、いわば土俵を設けるようなものである。これが途中で一方的に破棄されるようでは、安定的な交渉は不可能と言ってよい。典型的には、機密保持条項がそうであろうが、これが守られるからこそ、デュー・ディリジェンス（買収監査、資産査定）にも応じられるのであり、これによって得られた情報が他に漏らされ、ましてや競合相手との交渉材料に使われることがあってはならない。

③ 裁判所による約定の実現　ある約定に法的拘束力を認めるのなら、その実現に裁判所が積極的に関与することは、必要不可欠である。そうでなければ、約定を破った者が勝ちという奇妙な結論に至る。自由な企業活動が制限されるとの批判もあり得ようが、自由な活動には、契約を破る自由は含まれない。むしろ、裁判所が約定を実現することにより、私的自治が実現される。

もちろん、全ての場合に、独占交渉権付与条項の実現に、裁判所が助力をすべきとは言えない。例えば、敵対的な買収の対象となった会社の経営陣が、買収に対する防御策として、緊密な会社に対して、（最終的な合意を目的とするかどうかはともかく）独占的交渉権を付与することなどは、許されてはならないであろう（この点を含めて、基本合意書等の効力を会社法的な視点からも検討するべ

きと説くものとして、手塚裕之「M&A契約における独占権付与とその限界」商事法務1708号12頁（2004年））。

このような場合には、独占的交渉権付与条項そのものの効力を否定すべきである。取締役が地位保全のために権限を濫用し、しかも、相手方は通常は悪意または重過失であるから、条項そのものを無効であるとすれば足りる。条項が無効であれば、条項違反による損害賠償は観念されない。対象会社の取締役は、株主の利益を最大化するために、競売を活性化させて、より有利な買収希望者に、会社を引き渡さなければならない。

ともあれ、条項そのものが無効という処理になるはずであり、法的拘束力を認める以上は、それを実現する手段が用意されなければならない。

④ 独占交渉権付与条項は破られていた？　UFJグループは、住友信託銀行に対して、協働事業化の白紙撤回を、7月14日に申し入れている。そして、同じ日に、「当グループは本日中に、株式会社三菱東京フィナンシャル・グループに対し、経営統合の申し入れを行う予定」であると発表している。

ここで疑問が生じるのは、UFJグループが、それまでに三菱東京フィナンシャル・グループと何らの情報提供や協議を行っていなかったかである。行っていたとすれば、その時点で、独占交渉権付与条項に違反していたことになる。

このような事実があるか否かは、最終的には裁判所の事実認定によるほかないが、その僅か2日後の7月16日には、三菱東京フィナンシャル・グループとUFJホールディングスとによって、統合効果も見据えた形の覚書が締結されている。

他方で、7月14日には、一部報道を受けて、三菱東京フィナンシャル・グループとUFJグループがともに、経営統合に係わる申し入れを受けている事実はないと、この報道を否定するリリースを発表している。また、同日、三菱東京フィナンシャル・グループは、本夕UFJグループから経営統合の協議を「開始」したい旨の申し出を受けたと公表している。

しかしながら、UFJグループが、三菱東京フィナンシャル・グループとの間で、何らの協議も行わないまま、住友信託との協働事業化を白紙撤回したのであれば、逆に、UFJグループの経営陣は、何の見込みもなしに、同

グループを大海に投げ出したことになるのか。そうであるなら、このような判断は、責任ある経営判断であるとは言い難い。

　以上のように、UFJグループが、かりに住友信託銀行への事業撤回前に三菱東京フィナンシャル・グループとの協議を開始していたのであれば、約定の重大な違反であるし、他方で、リリースで示されているように、そのような事前の協議がないのであれば、UFJグループの経営陣がどのような方針を有していたのかが、厳しく問われるべきである。事実がどちらであれ、UFJグループの取締役等の法的責任は軽くない。

　なお、最高裁の決定でも、独占交渉権付与条項には法的拘束力があるとされており、本案でもそのように認定されれば、現在進められている三菱東京フィナンシャル・グループとの統合協議は、契約違反であることは疑いないであろう。

3　東京高裁での争い

(1) UFJグループ、逆転勝訴

　UFJグループは、再度の敗訴の決定を受けて、保全抗告を行い（民事保全法41条）、法廷闘争の場は、東京高裁に移された。

　東京高裁（原審）は、8月11日、地裁決定から僅か1週間後に、事件の決着を図ろうとした。どちらが敗訴しても、最高裁までは紛争が持ち込まれることはないとする見方が多勢であった。

　東京高裁は、次のように述べて、UFJグループを逆転勝訴させた。すなわち、両者の信頼関係は既に破壊されており、かつ、最終的合意の締結に向けた協議を誠実に継続することを期待することは既に不可能となっており、したがって、遅くとも審理終結日である8月10日の時点においては、本件基本合意書のうち少なくとも本件条項については、その性質上、将来に向かってその効力が失われていると判断した。被保全権利は、もはや消滅して、なくなっているという論理である。東京地裁の8月4日の決定で示された論点に対して、UFJグループ側に有利な判断を行った。

　東京高裁の決定に対して、住友信託銀行は、8月11日に、「当社が仮処分を申し立てたこと自体を主要な理由として独占交渉権の失効を認定しております。これは、憲法上の権利である『裁判を受ける権利』等を侵害する極め

第2章　UFJ vs. 住友信託 vs. 三菱東京

て不当な判断」であるとの見解を表明し、同日中に、特別抗告（民事訴訟法336条）と許可抗告（同法337条）の申立てを行った。

　他方で、この決定を受けて、UFJグループは、東京三菱フィナンシャル・グループとの統合協議を一気に加速させることになる。

(2)　独占交渉権付与条項の失効と裁判を受ける権利

　① 東京高裁の決定の根拠　　住友信託銀行の主張の背景には、東京高裁が、UFJグループが基本合意を白紙撤回したことに対して、住友信託銀行が、三菱東京フィナンシャル・グループとの統合協議の差止めの仮処分を申し立てたこともが、根拠とされていたという事情がある。

　② 事情変更の原則の応用？　　契約の効力が事後に将来に向かって失われる場合がないとは言えない。古くから論じられてきたのは、事情変更の原則とよばれるものである。制定法で明文の規定が置かれる場合も少なくなく、例えば、離婚後の子どもの養育費に関して、協議等の後に事情に変更が生じた場合には、金額等の変更をすることなどが認められている（民法880条）。また、借家の借賃に関しても、不相当になったときは、当事者は、将来に向かって賃料の増減を請求することができる（借地借家法32条）。

　これらの規定の基礎にある考え方は、協議や契約の後に、その当時に前提としていた事情に変更があった場合には、そういった事情を考慮して、場合によっては、当初の約定の通りに当事者を拘束することは望ましくないとの判断がある。事情変更の原則そのものの利用ではないかもしれないが、独占交渉権付与条項が将来に向かって効力を失う場合があることは否定できない。

　本件にそくして考えると、最も分かりやすいのは、例えば、住友信託銀行の財務状態が一気に悪化して、とても協働事業化を進められる状況にはなくなった場合である。このような場合にまで、UFJグループが他社との統合を協議できないとするならば、公正ではないと判断されるべきであろう。もしも、住友信託銀行が独占交渉権付与条項を強行しようとするなら、それは信義則に反するとか（民法1条2項）、権利の濫用にあたるとか（同1条3項）、判断されるべきである。信義則に基づいて、権利失効という考え方もある。

　しかしながら、もし東京高裁の決定が、住友信託銀行が仮処分を申し立てたことを根拠の一つとするものであるのなら、これは全く理解しがたい。こ

のような理屈が通用するのであれば、自らの権利を実現しようとすれば、結果的に、自らの権利を失ってしまうことになりかねない。「権利の上に眠る者は保護しない」という理念に基づき、消滅時効の制度を有しながら、同時に、「権利を積極的に行使する者もまた保護しない」となれば、法秩序は崩壊する。

③ 裁判を受ける権利　先に見たように、東京高裁の決定に対して、住友信託銀行は、「裁判を受ける権利」（憲法32条）を侵害すると強調したリリースを公表している。

この主張は、相当に通りにくいと考える。しかし、最高裁で争う道を拡げようと考えるなら、特別抗告を利用するために、高裁決定に憲法違反があったことを理由とする必要があり、その意味では、最大限に検討された理論構成であったろう。

もっとも、この特別抗告については、最高裁で上告が受理されなかった。

4　最高裁での争い

(1) 許可抗告の行方

住友信託銀行は、最高裁の判断を求めるために、特別抗告と許可抗告を行った。このうち、許可抗告について、東京高裁は、8月17日、この抗告を許可する旨の決定をした。そこで、法廷闘争の場は、最高裁に持ち込まれることになった。

(2) UFJグループ、勝訴

最高裁の判断も迅速であり、第3小法廷は、8月30日には、東京高裁の原決定の結論を全員一致で是認する決定をした。もっとも、理論構成は、東京高裁とは全く異なっている。被保全権利は存在するが、保全の必要性がないと判断し、結論として、住友信託銀行による差止めの仮処分を認めなかった高裁決定の判断を支持した。

被保全権利の存在を肯定したのは、本件基本合意書における独占交渉権付与条項の法的拘束力を認めた上で、東京高裁とは異なり、この条項に基づく差止請求権の消滅も認めなかったからである。

最高裁は、独占交渉権付与条項は、最終的な合意の成立に向けての手段と

第2章　UFJ vs. 住友信託 vs. 三菱東京

して定められたものであり、「今後……交渉を進めても、社会通念上、……最終的な合意が成立する可能性が存しないと判断されるに至った場合には、本件条項に基づく債務も消滅する」と、一般論を述べる。その上で、本件においては、UFJグループが三菱東京フィナンシャル・グループらとの間で経営統合に関する基本合意を締結するなど、経営統合のための最終的な合意の成立に向けた交渉が次第に結実しつつある状況にあることなどに照らすと、住友信託銀行との協働事業化に関する最終的な合意が成立する可能性は、相当に低いと言わざるを得ないとする。しかし、「本件の経緯全般に照らせば、いまだ流動的な要素が全くなくなってしまったとまではいえず、社会通念上、上記〔協働事業化の最終合意の成立〕の可能性が存しないとまではいえないものというべきである。そうすると、本件条項に基づく債務は、いまだ消滅していないものと解すべきである」と判示した。

次に、保全の必要性に関して、最高裁は、当事者双方が十分に主張、疎明を尽くしたとして、「情報提供又は協議を行うことを差し止めなければ、抗告人〔住友信託銀行〕に著しい損害や急迫の危機が生じるものとはいえない」として、保全の必要性の要件を満たしていないとした。

その判断の基礎となったのは、①基本合意書は、最終的な合意の成立を保証するものではなく、住友信託銀行が被る損害は、最終的な合意の成立によって得られるはずの利益相当の損害（履行利益）ではなく、有利な立場で相手方と交渉を進めることにより、本件協働事業化に最終的な合意が成立するとの期待が侵害されることによる損害（信頼利益）とみるべきとの判断がある。また、最高裁は、②本件協働事業化に関する最終的な合意が成立する可能性は相当低いこと、③本件仮処分命令の申立ては、2006年3月末日までの長期間にわたり、独占交渉を求めるものであり、差止めが認められた場合に、UFJグループが被る損害が相当大きいことを指摘し、これらの事情などを総合的に判断したと説示している。

(3)　最高裁決定の評価

最高裁決定は、差止めの仮処分について、最終的な決着を迅速に図ったものであり、この意味は、どちらの当事者にとっても大きい。最高裁が、この点の司法判断を重視していたことは、決定の直後に、最高裁のホームページ

で、本決定が公開されたことにも示されているであろう。

　この決定では、基本合意書における独占交渉権付与条項に法的な拘束力が認められたことが、まずは積極的に評価されなければならない。今後の実務は、最高裁決定を十分に意識して、各種の約定書を起案していく必要がある。

　基本合意書での約定が法的拘束力を有するとしても、その約定の内容や性質によっては、一定の場合に、将来的に効力が失われる可能性があるという解釈も、一般的に受け入れやすいものであろう。また、被保全権利の存在を肯定するならば、前述のように、少なくとも本件においては、UFJグループの独占交渉義務が途中で消滅したとは判断しづらいであろう。

　このように被保全利益を肯定したことは、大いに評価すべきであるが、保全の必要性で、結局は調整を図ったことについては、批判的な検証が必要であると思われる。もちろん、法技術の問題としては、簡明な処理の仕方であったことには間違いなく、同じ結論に至るための理論構成としては、最も無理のない構成であろう。

　保全の必要性はないとの判断を基礎づける事実について、順に簡単に検討していくことにしよう。まず、①住友信託銀行に生じる損害を、信頼利益に限るかのような判断をしているが、損害賠償額は、交渉の成熟度にもよるであろうし、同時に、どのような事情で最終的な合意に至らなかったのかにもよると考えるべきであろう。交渉が成熟すれば、住友信託銀行とすれば期待が高まっていくし、これはUFJグループにとっても同様に感じられるべきものである。本件の基本合意書では、住友信託銀行にも、協働事業化の妨げとなる情報提供や協議を禁止する義務が課されている。

　また、最終合意に至らなかった事情については、債務者であるUFJグループに責めに帰すべき事情があったか否かもが、考慮されなければならない。最高裁が述べるように、最終合意に向けた手段としての契約であるから、それが破られた場合には、信頼利益を基礎として損害額を積み上げていくことになろうが、段階的に成熟していく契約において、常に信頼利益に限られると解するべきではない。

　次に、②最高裁は、本件協働事業化が最終的な合意に至る可能性が低いことを、理由に掲げている。このような事情が、被保全権利を否定する根拠にされなかったことは高く評価できるが、保全の必要性を否定する論拠とす

ることが許されるか、疑問が残る。交渉経緯にもよるが、その中身によっては、既成事実に引っ張られ過ぎており、現状追認型の決定であると批判されることにもなろう。

　最後に、③UFJ グループ側に生じる可能性がある損害を考慮することについて、一般論としては妥当であると考えられる。民事保全法23条2項は、「債権者に生ずる著しい損害又は急迫の危険を避けるため」に限って、仮処分命令を出すことができるとしている。文言上は、「債権者」に限られているが、この規定は、裁判所に当事者の利益調整の役割を期待するものであり、その趣旨からみても、債務者側の事情を盛り込むことが必要である。

　としても、最高裁決定には、疑義があるように思われ、その最大の問題点は、独占交渉義務を負う期間が長いことを理由にしている点である。確かに、この期間が長ければ、当事者は手足を縛られることになる。しかし、先にも述べたように、この義務は、UFJ グループの一方的な義務ではなくて、住友信託銀行にも課せられた義務でもあり、基本的には私的自治の問題である。期間が長いことが問題なのであれば、保全の必要性を否定するのではなくて、仮処分命令の期間を限定することも可能であったのではないか。さらに、細かな点になるが、東京地裁7月27日決定では、住友信託銀行に総額50億円の担保提供が求められているのに対して、東京高裁8月11日決定では、UFJ グループに総額75億円の担保提供が求められている。かりに担保の額が、相手方に生ずべき損害に備えるためであるとするのなら、住友信託銀行の損害額の方が大きいと見積もられていることにならないか。時間の推移とともに変動する可能性が大きい事柄であるが、その点の説明は必要になると思われる。

5　最高裁決定の後の戦い

(1) 優先株発行

　最高裁決定後も、UFJ グループを巡る争奪戦は、続けられている。先手をとったのは、三菱東京フィナンシャル・グループであろうか、UFJ 銀行から優先株の引受けを受けた。9月10日に計画がリリースされ、9月17には増資が完了している。

　問題は、UFJ 銀行が発行した優先株が、敵対的な買収を排除する効果を

有していたことである。東京三菱フィナンシャル・グループとの統合を補強して、三井住友フィナンシャルグループの買収を妨げる効果を有していた。そこで、このような新株発行が有効か否か（商法280条ノ15参照）、さらには、この新株発行を決定したUFJ銀行の取締役等の責任、優先株を発行するために必要な定款変更の手続についてUFJ銀行の議決権の全部を行使したUFJホールディングスの取締役等の責任（同266条、266条ノ3参照）もが検証されるべきである。

敵対的買収の場面では、対象会社の経営陣は微妙な立場に置かれる。会社の善良な管理者として、株主の利益を最大化するために、注意を尽くす義務を負う（duty of care）。と同時に、会社に対して忠実でなければならず、自分の利益を会社の利益に優先させることは許されない（duty of loyalty）。これらの義務が、敵対的買収においては、混在する可能性が指摘されてきた。経営陣は、会社ないし株主のためと口にしながら防御策を講じ、本心では身の保全（entrenchment）を願っている可能性がある。

一般論としては、複数の統合の申し入れがあった場合には、各提案の内容を精査して、最も条件のよい申込みに応じるようにしなければならない。とりわけ、本件はともかく、会社が単独では生き残れないなど、もはや売りに出された状況にあっては、経営陣は、一切の防御策が許されるべきではない（Revlon, Inc. v. MacAndrews & Forbes Holdings, Inc., 506 A. 2d 173（Del. 1985）参照）。

防御策が許される場合でも、ポイズン・ピルについて議論が深められているように（武井一浩＝中山龍太郎＝太田洋編著『企業買収防衛戦略』（商事法務、2004年）に所収の諸論稿を参照）、デッド・ハンド型のポイズン・ピル（dead-hand poison pill）など、「絶対に買収されないぞ（Just Say Never）」という防御策は許されないと考えられている。つまり、元祖の米国では、敵対的な買収であっても、買収者が魅力的な条件を提示すれば、対象会社の経営陣は、ピルを消却することができる設計になっており、これを実際に行うことが取締役の義務であると理解されている。

本件の優先株についてみると（UFJ銀行定款9条の5第1項。2004年9月10日付リリース（三菱東京フィナンシャル・グループ、UFJホールディングス、UFJ銀行）も参照）、「いつでも優先株式を買い入れ、これを株主に配当すべき利益をもって当該買入価額により消却することができる」とされているが、具体的な買

受け価額の定めはない。しかも、買い受けのためには、優先株主の同意が必要であると解され、UFJ銀行の取締役の判断で、消却することはできないようである。つまり、買入消却の授権をしたものにとどまり（商法211条ノ3第1項2号。213条参照）、主導権はUFJ銀行から失われている。デッド・ハンド型の防御策である疑いが濃い。ギブンズ弁護士は、同じ防御策が米国デラウェア州最高裁で審議されたなら、違法で無効とされるであろうと説かれている（国際商事法務508号1315頁（2004年））。

　他方で、定款とは別に、UFJ銀行と三菱東京フィナンシャル・グループとの間では、協定書が締結されており、所定の場合（統合議案が株主総会で否決され、別の者との経営統合が種類株主総会で承認されるなどした場合など）には、UFJホールディングス等が優先株を買い取る権利を有することとされ、この際には、取得価額（7,000億円）に対して、30％のプレミアムを付することが約定されている。これは、防御効果を弱めるものでもあるが、別の買収者に根拠のない負担を負わせるものでもある。のみならず、この買取権が行使できる状態になるかは、三菱東京フィナンシャル・グループの手に委ねられたままである。

　さらには、この優先株は無議決権株式とうたいながら、他方で、株主総会の一定の決議事項について、種類株主総会の決議を必要として、三菱東京フィナンシャル・グループに対して拒否権を与えている。取締役の選解任も含まれているが、このために、UFJホールディングスの多数派株主は、同社の取締役を入れ替えても、子会社であるUFJ銀行の取締役さえ自由に選べないという状況になる。これが、UFJホールディングスの株主総会すら経ずに、実行されてしまったことが大きな問題である。三井住友銀行の西川善文頭取は、インタビューで、「UFJホールディングスの株主は、UFJグループの支配権を9割方失っている。そんなことが、はたしてUFJホールディングスの株主の了解なしにできるものなのか。日本の商法にはその点において不備がある」とされているが（週刊ダイヤモンド2004年11月6日号38頁）、もっともな見方であろう。

　従来の一般的な考え方では、UFJホールディングスの株主は、新株発行無効の訴えも提起できず、しかも、UFJ銀行に損害が生じても、同社の取締役等に対して代表訴訟を提起することができない。企業法制における法創

造の一環として、「ホールディングスの株主による新株発行無効の訴えを今すぐ判例理論として認めるべき」とする見解もあり（上村達男「一夏の堕落」早稲田大学21世紀COE・ホームページ「所長の声」（10月21日現在））、大いに説得的であると考える。そのための理論構成であるが、新株発行無効の訴え（商法280条ノ15）における原告に、UFJ銀行の株主だけではなく、UFJホールディングスの株主も含めるような拡張解釈をすることが考えられる。この極限状態においては、法人格の濫用として、UFJ銀行の法人格を否認して、UFJホールディングの株主に原告適格を与えることも許されよう。

かりに無効主張を認めないとするならば、その前提には、本件優先株の発行について差止めの機会が与えられていたことが必要であろう。この点、新株発行差止請求権（商法280条10）については、UFJ銀行の株主であることが要求されている。他方で、この優先株発行には、UFJ銀行の定款変更の株主総会決議が必要で、この議決権は、UFJホールディングスの代表取締役が行使をしているはずである。UFJホールディングスの株主としては、この代表取締役の違法行為を差し止めることが理論的には可能であったが（商法272条）、公示が周知性のあったものかは疑わしい（株主への通知で足りる。同280条ノ3ノ2）。差止めの機会が与えられなかった以上、無効という大なたを振るうことが認められなければ、違法状態を解消する道が閉ざされてしまう。

さらには、別の観点からも、この優先株の無効を基礎づけることができよう。つまり、UFJ銀行の優先株の発行によって、UFJホールディングスの株主は、同社の主要な事業であるUFJ銀行に対する支配を失ったと言ってよい。このような状況は、営業の重要な一部の譲渡と解することができ（商法245条）、UFJホールディングスの株主総会の特別決議が必要であったというべきである。同社の取締役会は、株主総会決議を経ずに、UFJ銀行の定款変更を承認し、その結果、今回の優先株が発行されることになった。本件優先株発行には、重大な瑕疵があったと考える。

以上のように、UFJ銀行の優先株発行は、取締役の権限を逸脱した防御策であり、無効と解されるべきである。そして、UFJホールディングスの株主に対して、新株発行の無効を主張する機会を与えるような解釈がなされるべきである。

第2章　UFJ vs. 住友信託 vs. 三菱東京

(2) 提案権行使に必要な株式の取得

　三井住友フィナンシャルグループは、その後、UFJ ホールディングスの株式を300株取得したとされる（日本経済新聞2004年10月8日）。これは、株主が提案権を行使するのに必要な株式数である（商法232条ノ2）。

　問題は、このような権利を取得したとして、何を提案するのかである。取締役等の選任あるいは解任を提案することが考えられる。これが実現すれば、UFJ ホールディングスの支配権を獲得することができるはずであるが、前述のように、その傘下の UFJ 銀行の取締役等を自由に選任することができないから、手詰まり感が避けられない。これは、かりに公開買付等によって、UFJ ホールディングスの支配株式を取得しても、同じことである。そうなると、「もはやホールディングスという名称すら放棄したに等しい」という上村達男教授（前掲ホームページ）の見解が、一段と説得力を増すように思われる。

　商法の文言に厳格な枠組みで考えると、三井住友フィナンシャルグループに提案権を使った挽回の機会があるとするなら、UFJ ホールディングスで臨時株主総会が開催され、委任状勧誘などを行って、自派の取締役への入れ替えに成功し、所定の提訴期間内に（発行日から6か月）、UFJ 銀行の株主として、新株発行無効の訴えの提起することであろう。この文脈からは、提訴期間を弾力的に解釈することが試みるべきであろう。

　UFJ 銀行の取締役の選任ができなければ、傘下の UFJ 銀行を含めた全面的な統合ができない（UFJ 信託銀行の売却等は不可能でないが、UFJ ホールディングスが三菱東京フィナンシャル・グループに対する独占交渉義務に違反する可能性があり、損害賠償を覚悟する必要があるかもしれない）。合併等の M&A においては、取締役会決議に基づき代表取締役によって合併契約書等が締結されることが必要であるが、これが行えない。先の優先株発行は、UFJ 銀行の防御ではなくて、UFJ ホールディングスを敵対的買収から守る機能を有していることが分かる。傘下の子会社を自由にできない持株会社など、何の意味もないであろう。クラウン・ジュエル（主要な資産や事業）の取得はさせないというロック・アップである。

　三井住友フィナンシャルグループとしては、提案権そのものの行使ではなく、UFJ ホールディングスの株主総会で提案される議案の否決を求めるこ

83

とになろうか。委任状争奪戦（proxy fight）も噂されている。ただ、先に述べたように、一定の場合にトリガー事由にあたってしまい、取得価額（7,000億円）に30％プレミアムをつけて、優先株の買い受けを求められる可能性があり、全体の取得費用が、2,100億円増加する。

　逆に、このような場合には、UFJ ホールディングスが優先株を買い取る権利を取得することになり、これが僅かながらロック・アップの力を弱めている。UFJ 銀行が優先株の有効性を主張するための逃げ道になっているが、かなりの防御力を全体として有することは否定できない。この買受義務や買取権は、定款とは別に定められた協定書に基づくもののようである。そこで、UFJ 銀行の取締役の権限濫用の問題として、誰でも（とくに他の買収者）、一般的な無効を主張することが許されてよいと考える。

(3) 本案での差止めと損害賠償請求

　新聞報道によると（日本経済新聞2004年10月17日朝刊など）、住友信託銀行は、三菱東京フィナンシャルグループと UFJ グループによる信託部門の統合について、交渉の差止めの本訴を提起する方針であり、差止めが認められない場合には、UFJ ホールディングスや同社の経営陣を相手取り、数百億円の損害賠償を求める訴訟の提起も検討するとされていた。もっとも、住友信託銀行は、10月18日のリリースで、法的措置を検討していることは事実であるが、現時点で具体的に決定している事実はないとしていた。その後、住友信託銀行は、10月28日に、交渉差止めの本訴を提起した。

　先に見たように、最高裁は、決定時点で、独占交渉権付与条項の法的拘束力は失われていないとした。その状況が変わらないとするのなら、差止めの本案は認められることになろう。ただ、同決定後、UFJ 銀行の優先株発行によりロック・アップがなされており、一段と住友信託銀行と UFJ グループとの協働事業化は、見込みが薄くなっている。とはいえ、最終合意の可能性が一段と低くなったのは、UFJ グループの行動が原因である点には、留意しなければならない。UFJ グループが法的拘束力の消滅を主張するのは、信義則に反する、あるいは、権利の濫用にあたって許されないとの解釈も、十分に可能であろう。

　差止めが認められない場合に、UFJ ホールディングスに対して損害賠償

第2章　UFJ vs. 住友信託 vs. 三菱東京

をなし得ることは、最高裁の決定からも、疑う余地はほとんどない。問題は、賠償の対象となる損害額の算定であるが、最高裁は、信頼利益に限られることを示唆する。しかしながら、既に述べたように、最終契約に向けた成熟度によっては、履行利益の全額でないにせよ、信頼利益を上回る損害を認定する必要があろう。

　また、UFJ ホールディングスの取締役等に対する損害賠償も、理論的には十分に考えられる。構成は幾つか考えられるが、最も単純であるのは、① 独占交渉権付与条項の違反について助力した点を捉えて、第三者による積極的債権侵害を認めることであろう（民法709条）。あるいは、② 職務執行に悪意または重過失があるのなら、取締役等の対第三者責任を追及することも可能である（商法266条ノ3第1項、280条1項）。③ 株主の地位を有するのなら、取締役等の会社に対する責任を、代表訴訟によって追及することができる（商法266条1項5号、254条3項、民法644条、商法254条ノ3、267条以下、280条1項）。②と③の場合には、UFJ 銀行の取締役等に対して同社に対する損害賠償義務を履行させないこともが、UFJ ホールディングスの取締役等の同社に対する任務懈怠と解される余地がある。

　UFJ グループは、5月21日の基本合意書で住友信託銀行との間で独占的交渉を約定しており（最高裁でも、法的効力が認められた）、他方で、三菱東京フィナンシャル・グループとの関係でも、新聞報道によると、7月16日の覚書の段階で、独占的交渉を約定しているようでもある（日本経済新聞2004年8月2日朝刊）。仮に事実であるのなら、両立し得ない義務を負担したことになり、そのこと自体、経営判断の是非が問われることになろう。住友信託銀行との関係では、UFJ ホールディングスとその取締役等の責任を肯定し、賠償額を増加させる事実として考慮されるべきである。また、このような事実に基づき、取締役等への賠償請求訴訟についても、過失や任務懈怠がなかったことの証明責任を、被告側に負わせることが考えられる。

　なお、住友信託銀行は、三菱東京フィナンシャル・グループの取締役等に対する損害賠償も検討しているとされるが、積極的債権侵害などを根拠に、認められる可能性もあろう。

第Ⅱ部　法理の具体的な実践

6　結語——司法の役割——

　近年、私的な紛争に裁判所が事前に介入することが期待される場面が増えてきている。週刊誌の出版の差止め、プロ野球球団の合併の差止め（選手会によるものと、親会社の株主によるもの）、郵政公社に対するコンビニエンス・ストアを通じた小包の取扱いの差止めなどである。

　裁判所にとって、どのような判断が適当であるかは、問題となる事件の性質などによっても異なるから、一概に積極的な介入の当否を論じるのは妥当ではない。

　とはいえ、企業法制については、事前の規制から事後の救済へとしばしば言われるが、事後の救済で十分なのかが吟味される必要がある（弥永真生「企業法・金融法の課題」弥永真生＝山田剛志＝大杉謙一編『現代企業法・金融法の課題』5頁以下（弘文堂、2004年）参照）。

　M&A関係でも、例えば、会社法制の現代化で実現されようとしている合併対価の柔軟化について、事後の救済で十分なのか、もう少し細やかな事前の規制を設けた方が、制度の運営者としても、制度を利用する者にとっても、望ましいと考えられる（中東正文「企業組織再編法制の整備」商事法務1671号21頁（2003年）（『企業結合法制の理論』（信山社、2008年）所収）参照）。

　また、新株発行無効の訴えについて、最高裁の基本的な姿勢が、優れた指針を与えてくれるように思われる。商法は、新株発行の無効原因について、具体的に定めておらず、解釈に委ねられている（商法280条ノ15）。一般的には、新株発行は会社の業務執行に準じたものと理解されており、また、事後的に無効とされた場合に生じる混乱に配慮して、無効原因は限定的に考えられている。最高裁も、同様に、無効原因を狭く考えている。

　ただ、新株発行の公示（商法280条ノ3ノ2）を欠く場合につき、「新株発行差止請求をしたとしても差止めの事由がないためにこれが許容されないと認められる場合でない限り、新株発行の無効原因となると解するのが相当」であるとしている（最判三小平成9年1月28日民集51巻1号71頁、最判二小平成10年7月17日判例時報1653号143頁。なお、最判平成5年12月16日民集47巻10号5423頁参照）。つまり、事前の差止めによって紛争を解決することを促しており、その機会を逃したならば、救済を与えないことを示唆している。裁判所が紛争の早い

段階で積極的に介入をし、事後的な救済よりも、事前の救済に重点を置いたものであると理解される。

　このような最高裁の姿勢は、会社紛争一般についても、貫かれるべきである。合併についても、合併無効の訴え（商法415条）という事後的な紛争ではなく、合併の差止め（の仮処分命令）の段階で（同272条参照）、裁判所が積極的に判断を示していくべきであろう。米国では、合併の適法性を巡る紛争は、このような事前の仮の救済（preliminary injunction; temporally injunction）が中心となっている。

　まして本件では、当事者が約定したことを裁判所が実現するか否かが問題となっており、差止原因の有無といった法解釈上の論争点を含んでおらず、分かりやすい紛争である。約定に拘束力があると認定し、その拘束力が失われていないと判断する以上は、司法が積極的に、事前の救済を与えるべき類型の事案であると言えよう。仮処分により本案の目的が達成されてしまいかねないという問題も一方である。しかしながら、他方で、事後の救済を巡って紛争が混迷することは、責任ある司法府としては、可能な限り避けなければならないと考える。

　さらには、最高裁決定後においては、UFJ銀行によって優先株が発行された。従来の一般的な解釈では、UFJホールディングスの株主は、手も足も出せないまま、不利益を被ることになってしまう。事前の救済が十分に機能しない場合には、事後的な救済を図るために、裁判所は最大限に解釈論を広く受け止めるべきである。会社制度そのものの危機であるとも言え、同社の株主に新株発行無効の訴えを認めるなど、創造的な司法の機能が大いに期待されている。

　【参考】一連の決定については、①商事法務1708号22頁以下、および、②金融・商事判例1199号6頁以下に所収されている。

第Ⅱ部　法理の具体的な実践

第3章　UFJ事件にみる司法判断
——取引保護条項の有効性を中心に——

1　事件の概要

　UFJ グループをめぐる争奪戦(1)(2)について、まずは概要を振り返っておくことにしよう（中東正文＝池田裕一「ドキュメント・UFJ 統合問題」中東正文編『UFJ vs. 住友信託 vs. 三菱東京―― M&A のリーガルリスク』12頁以下（日本評論社）。より詳細には、日本経済新聞社編『UFJ 三菱東京統合――スーパーメガバンク誕生の舞台裏』

（1）拒否権付株式　　異なる種類の株式の1つであり、株主総会決議事項のうちで、その決議のほか、ある種類の株式の種類株主を構成員とする種類株主総会の決議があることを必要とするものである。この種類の株式を有する株主は、当該決議事項について、拒否権を有することになるから、拒否権付株式といわれる（商法222条9項、会社法108条1項8号）。UFJ 銀行が発行した株式は、一般的には議決権を否定されているが（完全無議決権株式）、一定の事項について拒否権を与えることとされており、配当と残余財産は普通株に先立って受けることができる（優先株）。拒否権付株式が対象会社に友好的な者に保有されていると、敵対的買収者は、対象会社の議決権の過半数を取得しても、取締役等が選任できないなど、支配を確立することができない。そのため、敵対的買収の防衛策としても機能する可能性がある。黄金株（golden shares）と呼ばれることもある。

（2）ロック・アップ（独占交渉条項）　　敵対的買収の攻防戦においては、ロック・アップ（lock-up）という言葉が多用されるが、必ずしも一義的ではない。UFJ 事件では、三菱東京 FG との統合に鍵を掛けて、敵対的買収者の進入を拒絶するという防衛がなされたとみることもできる。このほか、敵対的買収の防衛策として、合併等における株主総会の決議要件を加重することが考えられる。たとえば、敵対的な公開買付者が、第2段階の合併等を予定している場合には、買収成功に必要な株式数が増加して、買収コストが高くなるので、防衛策として働く。改正前商法では、決議要件の加重が可能かどうか、必ずしも明確ではないが（商法343条）、新会社法のもとでは、定款で定めておけば、可能であることが明確にされる（会社法309条2項）。合併等の決議要件の加重に合わせて、その条項に関する定款変更を行うための決議要件をも、引き上げておかなければならない。そうでなければ、合併等の決議要件を引き上げた定款が特別決議によって変更されてしまうからである。これを妨げるため、ロック・アップがなされる。

第3章　UFJ事件にみる司法判断——取引保護条項の有効性を中心に——

● 図1　住友信託銀行とUFJグループ3社の基本合意

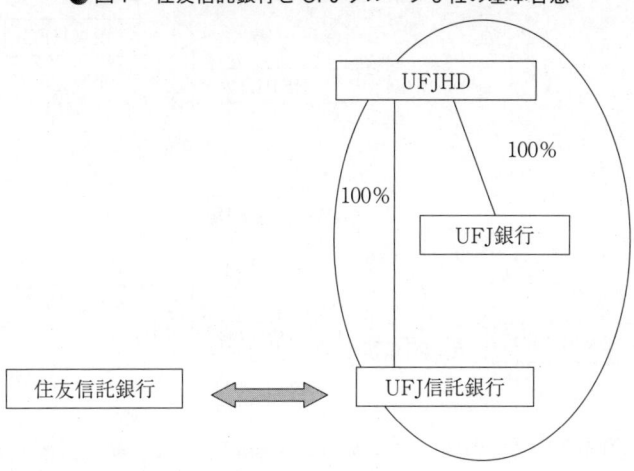

```
                    UFJHD
              100%    |    100%
                |   UFJ銀行
                |
   住友信託銀行 ⇔ UFJ信託銀行
```

（日本経済新聞社）、須田慎一郎『UFJ消滅——メガバンク経営者の敗北』（産経新聞社）を参照）。

　当初は、住友信託銀行と、UFJグループ3社（UFJHD、UFJ銀行、UFJ信託銀行）との間で、UFJ信託銀行の個人信託部門を住友信託銀行に売却することで、基本的な合意がなされた（図1）。友好的な統合であり、当事者には「協働事業化」と呼ばれ、2004年5月21日に、基本合意書が締結された。この協働事業化は、少なくとも当時、当事者双方にとって大きなメリットが見込まれた。住友信託銀行としては、長年にわたって信託業のトップの座を争ってきた三菱信託銀行というライバルに、大きな差を付けることができる。UFJグループも、売却益によって、財務の悪化からの脱出を図るという算段があり、国際的な業務を行うのに必要な自己資本比率（8％）を維持できる見込みであった。

　ところが、2004年6月に入ると、金融庁はUFJ銀行とUFJHDに対して、4つの業務改善命令を発動した。さらに、2003年10月の特別検査における検査忌避・隠蔽問題で、刑事告訴の可能性が出てきた。この段階に至り、UFJグループの選択肢は多くなかったであろう。

　自力での再生を断念したUFJグループは、三菱東京FGとの全面統合に向けて方針を転換した（図2）。この統合計画が、2004年7月17日の日本経済新聞朝刊でスクープされて、大きな話題になった。翌々日の7月19日には、

第Ⅱ部　法理の具体的な実践

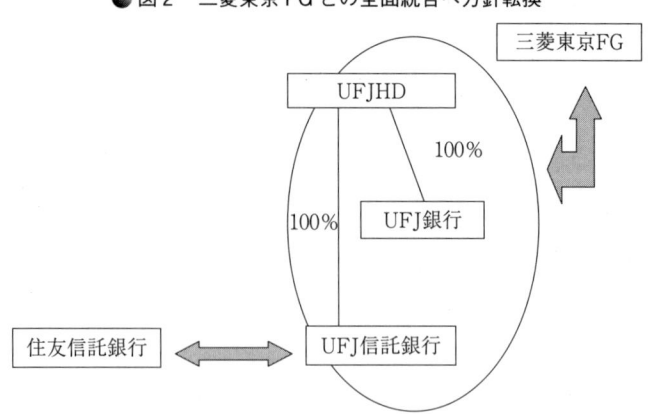

● 図2　三菱東京FGとの全面統合へ方針転換

```
                    三菱東京FG
        UFJHD
              100%
    100%    UFJ銀行

住友信託銀行 ⇔ UFJ信託銀行
```

経営統合に向けた協議の開始に関する覚書が締結され、統合計画が正式に公表された。

　UFJグループは、なぜ三菱東京FGとの統合が目指したのか、この点は必ずしも明らかにされていない。三菱東京FGとは、業務分野や営業基盤の地域的な補完性もあり、統合後のシナジー（相乗効果）が見込めるからか。三菱東京FGにとっても、「グローバルトップ10構想」を2004年2月4日に打ち出しており、UFJグループとの統合は、不良債権処理の課題は残るものの、目標達成の近道となるであろう。現に、UFJグループとの統合が現実化した同年9月10日には、「グローバルトップ5構想」に目標を高めた。さらには、三菱東京FGは外資による買収の格好の材料であるともされており、敵対的買収の脅威を減らす意味でも、UFJグループとの統合は有意義であったともされる。

　UFJグループが選んだ統合の相手方は、なぜ三菱東京FGであって、三井住友FGと住友信託銀行との連合ではなかったか。三井住友FGと住友信託銀行は、同じ住友の名を冠してはいるものの、資本提携関係にないため、全面的な統合を期待することができなかったのであろうか。

　先に述べた新聞スクープの直前、2004年7月16日に、住友信託銀行は、UFJグループ3社に対して、三菱東京FGとの経営統合に関する協議等の禁止を求めて、東京地裁に差止めの仮処分の申立てをした。この種の法廷での争いは、わが国では珍しかった。しかも、事件が東京地裁に持ち込まれたの

第3章　UFJ事件にみる司法判断——取引保護条項の有効性を中心に——

● 図3　三井住友FGが名乗りを上げる

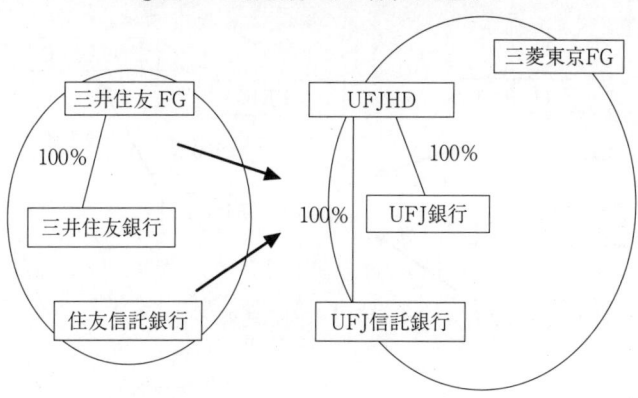

が、同年7月16日、最高裁で決着がついたのが同年8月30日であるから、異例の早さで、法廷での決着がなされた。この流れは、ライブドア対ニッポン放送事件でも引き継がれることになり、差止めの仮処分という紛争処理手段が、一般的に活用されつつある。会社法制が事後規制型に移行するなか、不適切な会社の行為については、裁判所が速やかに対応を行うという形で、会社紛争の枠組みができつつあると評価することができよう。

　この裁判が係属している間に、2004年7月30日に、三井住友FGがUFJグループとの統合に名乗りを上げた（図3）。従来は疎遠であった三井住友FGが住友信託銀行と事実上の連合を組んで、UFJグループとの全面的な統合を目指したのである。この時点で、UFJグループの経営陣は、三菱東京FGとの統合の協議を開始していた。本来であれば、UFJグループの経営陣は、三菱東京FGを選ぶか、三井住友FGと住友信託銀行との連合を選ぶか、重大な経営判断に直面していたはずである。この点は、いとも簡単に、三菱東京FGが選ばれたというべきか、既定路線に変更はなされず、三井住友FGからの提案には耳を貸そうとすらしなかった。この時点で、三井住友FGによるUFJHDの敵対的な公開買付が噂されるなど、UFJグループの経営陣からみれば、一方で三菱東京FGとの友好的な統合を進めつつあり、他方で三井住友FGと住友信託銀行から敵対的な統合提案を受けた形になった。

　裁判で住友信託銀行に軍配が上がっている間は、UFJグループと三菱東京FGの統合協議は表に出ることはなかった。しかし、2004年8月4日の東

91

第Ⅱ部　法理の具体的な実践

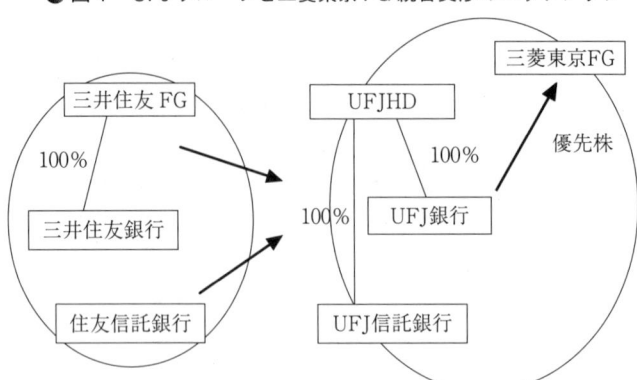

● 図4　UFJグループと三菱東京FG統合交渉のロックアップ

京高裁決定においてUFJグループが勝訴して以来、UFJグループは、三菱東京FGと大手を振って統合の協議に入り、その動きは、同年8月30日の最高裁決定を受けて、本格化していった。三井住友FGの追撃もすごかったのか、UFJグループは、UFJHDの100％子会社であるUFJ銀行に、三菱東京FGへの優先株の第三者割当増資をさせ、三菱東京FGとの統合交渉に鍵をかけた（ロック・アップ、図4）。これを、友好的M&Aの取引保護策とみるべきか、敵対的M&Aからの買収防衛策とみるべきか、おそらくは両面を有するのであろう。

　最高裁決定でも敗訴した住友信託銀行は、2004年10月28日に、UFJグループと三菱東京FGとの統合交渉を差し止める本案の訴えを提起し、その後、2005年3月7日に、1,000億円を求める損害賠償請求も追加した。この背景には、同年2月25日に、三井住友FGが、UFJグループに対する統合提案を撤回したという事情がある。この時点で、敵対的買収劇は、ほぼ幕を閉じた（詳しくは、中東正文「法的問題点の整理と司法の役割」中東編・前掲34頁以下を参照〔⇒本書第Ⅱ部第2章〕）。

2　最高裁決定

(1)　最高裁までの裁判の経緯

① はじめに　　住友信託銀行は、2004年7月16日、UFJグループが、住友信託銀行以外の第三者との間で、UFJ信託銀行の営業の第三者への移

第3章　UFJ事件にみる司法判断——取引保護条項の有効性を中心に——

転、第三者との合併、会社分割等の取引に関する情報提供または協議を行ってはならないとして、東京地裁に差止めの仮処分の申立てをした。これは、基本合意書の第12条後段において、「各当事者は、直接又は間接を問わず、第三者に対し又は第三者との間で本基本合意書の目的と抵触しうる取引等にかかる情報提供・協議を行わないものとする」（以下、独占交渉条項という）と定められていたことを根拠とする。

　本件の申立ては、仮の地位を定める仮処分命令を求めるものであり、差止めの仮処分が認められるためには、被保全権利が存在し、かつ、保全の必要性が存在しなければならない（民事保全法23条2項）。

　② 東京地裁7月27日決定　東京地裁は、7月27日、住友信託銀行の申立てを認め、情報提供または協議の差止めの仮処分を決定した。決定文は、双方の申立てによって、当事者公開となっており（民事訴訟法92条）、要旨のみしか公表されていないが、被保全権利の有無が主たる争点とされたことがうかがわれる。すなわち、上述の独占交渉条項に法的な拘束力があるのか否かである。

　東京地裁は、当事者間で権利義務を定めた一定の合意内容を証する書面が作成された場合には、特段の事情がない限り法的拘束力があると推認するのが相当であると、一般論を述べる。そのうえで、本件においても、交渉経緯などにかんがみて、法的拘束力を有すると認めた。

　③ 東京地裁8月4日決定　差止めの仮処分を認める決定に対して、UFJグループは、ただちに、保全異議の申立てを東京地裁に対して行った（民事保全法26条）。

　東京地裁（原原審）は、再び、住友信託銀行の主張に軍配を上げ、先の仮処分決定を認可した（民事保全法32条）。被保全権利については、本件独占交渉条項には法的拘束力があると認め、保全の必要性についても肯定した。

　④ 東京高裁8月11日決定　UFJグループは、再度の敗訴の決定を受けて、保全抗告を行い（民事保全法41条）、法廷闘争の場は、東京高裁に移された。

　東京高裁は、8月11日、地裁決定からわずか1週間後に、事件の決着を図ろうとした。どちらが敗訴しても、最高裁までは紛争が持ち込まれることはないとする見方が多勢であった。

93

第Ⅱ部　法理の具体的な実践

　東京高裁は、UFJグループを逆転勝訴させた。すなわち、両者の信頼関係はすでに破壊されており、かつ、最終的合意の締結に向けた協議を誠実に継続することを期待することはすでに不可能となっており、したがって、遅くとも審理終結日である8月10日の時点においては、本件基本合意書のうち少なくとも独占交渉条項については、その性質上、将来に向かってその効力が失われていると判断した。

　東京高裁の決定に対して、住友信託銀行は、8月11日に、「当社が仮処分を申し立てたこと自体を主要な理由として独占交渉権の失効を認定しております。これは、憲法上の権利である『裁判を受ける権利』等を侵害するきわめて不当な判断」であるとの見解を表明し、同日中に、特別抗告（民事訴訟法336条）と許可抗告（同337条）の申立てを行った。

　他方で、この決定を受けて、UFJグループは、東京三菱フィナンシャル・グループとの統合協議を一気に加速させることになる。

(2)　最高裁（第3小法廷）8月30日決定

　住友信託銀行の許可抗告について、東京高裁は、8月17日、この抗告を許可する旨の決定をした。法廷闘争の場は、最高裁に持ち込まれた。

　最高裁の判断も迅速であり、第3小法廷は、8月30日には、東京高裁の原決定の結論を全員一致で是認する決定をした（民集58巻6号1763頁、判例時報1872号28頁、判例タイムズ1166号131頁、金融法務事情1727号78頁、商事法務1708号23頁、金融・商事判例1199号6頁、金融・商事判例1205号43頁。商事法務等には、原決定等の要旨も掲載されている）。もっとも、理論構成は、東京高裁とはまったく異なっている。被保全権利は存在するが、保全の必要性がないと判断し、結論としては、住友信託銀行による差止めの仮処分を認めなかった高裁決定の判断を支持した。最高裁決定の要旨は、以下のとおりである。

　　本件条項に基づく債務、すなわち、本件条項に基づき抗告人〔住友信託銀行：中東注〕及び相手方ら〔UFJHD、UFJ銀行、UFJ信託銀行〕が負担する不作為義務が消滅したか否かについてみるに、前記の事実関係によれば、本件条項は、両者が、今後、本件協働事業化に関する最終的な合意の成立に向けての交渉を行うに当たり、本件基本合意書の目的と抵触し得る取引等に係る情報の

第3章　UFJ事件にみる司法判断——取引保護条項の有効性を中心に——

提供や協議を第三者との間で行わないことを相互に約したものであって、上記の交渉と密接不可分なものであり、上記の交渉を第三者の介入を受けないで円滑、かつ、能率的に行い、最終的な合意を成立させるための、いわば手段として定められたものであることが明らかである。したがって、今後、抗告人と相手方らが交渉を重ねても、社会通念上、上記の最終的な合意が成立する可能性が存しないと判断されるに至った場合には、本件条項に基づく債務も消滅するものと解される。

　本件においては、前記のとおり、相手方らが、本件基本合意を白紙撤回し、同年〔2004年〕7月14日、抗告人に対し、本件基本合意の解約を通告するとともに、株式会社三菱東京フィナンシャル・グループに対し、相手方ユーエフジェイ信託銀行の本件対象営業等の移転を含む経営統合の申入れを行い、この事実を公表したこと、抗告人が、これに対し、本件仮処分命令の申立てを行い、本件仮処分決定及び異議審の決定を得たが、相手方らは、原審においてこれらの決定が取り消されるや、直ちに株式会社三菱東京フィナンシャル・グループらとの間で、相手方グループと三菱東京グループとの経営統合に関する基本合意を締結するなど、上記経営統合に係る最終的な合意の成立に向けた交渉が次第に結実しつつある状況にあること等に照らすと、現段階では、抗告人と相手方らとの間で、本件基本合意に基づく本件協働事業化に関する最終的な合意が成立する可能性は相当低いといわざるを得ない。しかし、本件の経緯全般に照らせば、いまだ流動的な要素が全くなくなってしまったとはいえず、社会通念上、上記の可能性が存しないとまではいえないものというべきである。そうすると、本件条項に基づく債務は、いまだ消滅していないものと解すべきである。

　ところで、本件仮処分命令の申立ては、仮の地位を定める仮処分命令を求めるものであるが、その発令には、「争いがある権利関係について債権者に生ずる著しい損害又は急迫の危険を避けるためこれを必要とするとき」との要件が定められており（民事保全法23条2項）、この要件を欠くときには、本件仮処分命令の申立ては理由がないことになる。〔中略〕

　そこで、この点について検討するに、前記の事実関係によれば、本件基本合意書には、抗告人及び相手方らが、本件協働事業化に関する最終的な合意をすべき義務を負う旨を定めた規定はなく、最終的な合意が成立するか否かは、今後の交渉次第であって、本件基本合意書は、その成立を保証するものではなく、抗告人は、その成立についての期待を有するにすぎないものであることが明らかである。そうであるとすると、相手方らが本件条項に違反することにより抗告人が被る損害については、最終的な合意の成立により抗告人が得られるはずの利益相当の損害とみるのは相当ではなく、抗告人が第三者の介入を排除して有利な立場で相手方らと交渉を進めることにより、抗告人と相手方らとの間で

第Ⅱ部　法理の具体的な実践

本件協働事業化に関する最終的な合意が成立するとの期待が侵害されることによる損害とみるべきである。抗告人が被る損害の性質、内容が上記のようなものであり、事後の損害賠償によっては償えないほどのものとまではいえないこと、前記のとおり、抗告人と相手方らとの間で、本件基本合意に基づく本件協働事業化に関する最終的な合意が成立する可能性は相当低いこと、しかるに、本件仮処分命令の申立ては、平成18年3月末日までの長期間にわたり、相手方らが抗告人以外の第三者との間で前記情報提供又は協議を行うことの差止めを求めるものであり、これが認められた場合に相手方らの被る損害は、相手方らの現在置かれている状況からみて、相当大きなものと解されること等を総合的に考慮すると、本件仮処分命令により、暫定的に、相手方らが抗告人以外の第三者との間で前記情報提供又は協議を行うことを差し止めなければ、抗告人に著しい損害や急迫の危険が生ずるものとはいえず、本件仮処分命令の申立ては、上記要件を欠くものというべきである。

最高裁が被保全権利の存在を肯定したのは、基本合意書における独占交渉条項の法的拘束力を認めたうえで、東京高裁とは異なり、この条項に基づく差止請求権の消滅を認めなかったからである。とはいえ、UFJグループに生じるであろう損害と住友信託銀行に生じるであろう損害とを比較衡量して、保全の必要性の要件を満たしていないとした。

(3) **最高裁決定の検討**

① **基本合意書の独占交渉条項の法的拘束力**　最高裁決定では、基本合意書における独占交渉条項に法的な拘束力が認められた。この点は、適切であったと考えられる。約定書の名称が、「覚書」であれ、「基本合意書」であれ、必要な機関決定を経て、代表取締役によって締結されたものであれば、特段の事情がない限り、すべての約定には、法的拘束力が認められるべきである。

本件の基本合意書は公開されていないが、独占交渉条項についての法的拘束力について、定めがないからこそ、このような紛争が生じている。この点、M&Aの実務としては、特段の定めがない限り、法的な拘束力を有すると考えられてきていた。たとえば、旧日本長期信用銀行の全株式のニュー・LTCB・パートナーズへの売却に関して、1999年12月24日付の基本合意書においては、法的拘束力を持たず、強制執行ができない規定については、その

第3章 UFJ事件にみる司法判断——取引保護条項の有効性を中心に——

旨が明示されていた（2005年5月現在、金融庁のホーム・ページで入手できる）。

少なくとも洗練された企業実務においては、とくに定めを置かなければ、すべての条項が原則として法的拘束力を有することが前提とされてきた。このような専門家の間での常識は、一般の契約に関する一般人の感覚にも、よく適合したものである。

さらに、独占交渉条項は、今後の交渉の前提となる約定であることに留意が必要である。最終的な合意に向けての交渉について、土俵を設けるようなものである。これが途中で一方的に破棄されるのでは、安定的な交渉は不可能である。典型的には、機密保持条項がそうであろうが、これが守られるからこそ、デュー・ディリジェンス（買収監査、資産査定）にも応じられるのであり、これによって得られた情報が他に漏らされ、ましてや競合相手との交渉材料に使われてはならない。

② 独占交渉条項の将来に向かっての失効　基本合意書での約定が法的拘束力を有するとしても、その約定の内容や性質によっては、一定の場合に、将来的に効力が失われる可能性があるという解釈も、一般的に受け入れやすいものであろう。また、被保全権利の存在を肯定するならば、少なくとも本件においては、UFJグループの独占交渉義務が途中で消滅したとは判断しづらいと考えられる。

③ 保全の必要性による事案の決着　もっとも、保全の必要性で、結局は調整を図ったことについては、疑問がある。同じ結論に至るための理論構成として、もっとも無理のないものであったろうが、批判的な検証が必要である。

まず、住友信託銀行に生じる損害を、信頼利益に限るかのような判断をしているが、損害賠償額は、交渉の成熟度にもよるであろうし、同時に、どのような事情で最終的な合意に至らなかったのかにもよるべきである。交渉が成熟すれば、住友信託銀行とすれば期待が高まっていくし、これはUFJグループにとっても同様に感じられるべきものである。

また、最終合意に至らなかった事情については、債務者であるUFJグループに責めに帰すべき事情があったか否かも、考慮されなければならない。最高裁が述べるように、最終合意に向けた手段としての契約であるから、それが破られた場合には、信頼利益を基礎として損害額を積み上げていくこと

になろうが、段階的に成熟していく契約において、常に信頼利益に限られると解するべきではない。

最高裁は、本件協働事業化が最終的な合意に至る可能性が低いことを、理由に掲げている。このような事情が、被保全権利を否定する根拠にされなかったことは高く評価できるが、保全の必要性を否定する論拠とすることが許されるか、疑問が残る。交渉経緯にもよるが、その中身によっては、既成事実に引っ張られすぎており、現状追認型の決定であると批判されることにもなろう。

最後に、UFJグループ側に生じる可能性がある損害を考慮することについて、一般論としては妥当であると考えられる。民事保全法23条2項は、「債権者に生ずる著しい損害又は急迫の危険を避けるため」に限って、仮処分命令を出すことができるとしている。文言上は、「債権者」に限られているが、この規定は、裁判所に当事者の利益調整の役割を期待するものであり、その趣旨からみても、債務者側の事情を盛り込むことが必要である。

としても、最高裁決定には、疑義があるように思われ、大きな問題点は、独占交渉義務を負う期間が長いことを理由にしている点である。たしかに、この期間が長ければ、当事者は手足を縛られることになる。しかし、基本的には私的自治の問題である。期間が長いことが問題なのであれば、保全の必要性を否定するのではなく、仮処分命令の期間を限定することもできたのではないか。

3　取引保護条項の有効性

(1) 裁判所による約定の実現

ある約定に法的拘束力を認めるのなら、その実現に裁判所が積極的に関与することは、必要不可欠である。そうでなければ、約定を破った者が勝ちという奇妙な結論に至る。自由な企業活動が制限されるとの批判もありえようが、自由な活動には、契約を破る自由は含まれない。むしろ、裁判所が約定を実現することにより、私的自治が実現される。

もちろん、すべての場合に、独占交渉条項の実現に、裁判所が助力をすべきとはいえないであろう。たとえば、敵対的な買収の対象となった会社の経営陣が、買収に対する防御策として、親密な会社に対して、独占交渉権を付

与することなどは、許されてはならない。このような有事に際してではなく、友好的なM&Aを進めるときにも、いかなる独占交渉条項（ロック・アップ）を盛り込んでもよいわけではない。

(2) 会社法的な視点からの検討

　この点については、すでに、基本合意書等の効力を会社法的な視点からも検討するべきであると主張されており（手塚裕之「M&A契約における独占権付与とその限界」商事法務1708号12頁、福島洋尚「UFJ統合問題が今後に与える影響」中東編・前掲180-183頁、伊勢田道仁「M&A契約における取引保護条項の有効性」金沢法学47巻2号82頁ほか）、妥当であると考えられる。

　本件最高裁決定の1つの問題点は、「M&A取引において、取締役が取締役限りで株主にとってより有利な他の競合する取引についての協議・交渉を会社として行わないとの合意を行うこと自体について、会社法上、取締役の権限あるいは責任の観点から、ないしは株主保護の観点から何らかの制約が課せられているのではないかという観点については一切触れることなく、もっぱら契約法ないしは民事保全法的観点からの検討・判断を行った（手塚・前掲15頁）」ことにあるといえよう。

　合併等のM&Aを行うか否かの最終的な決定権限は、原則として、株主総会が有する。とすると、それを実質的に奪うことになる条項を、取締役限りで締結してはならない（手塚・前掲20頁）。取締役が独占交渉条項等を廃棄しなければ、取締役としての善管義務に違反する場面に備えて、契約を解除できるような条項（フィデュシャリー・アウト）を組み込むことも必要であろう（手塚・前掲20頁参照）。独占交渉権の付与の期間も、あまりに長期のものであれば取締役限りで決定できないと考えるべきである（福島・前掲181頁）。さらに、UFJ事件では、違約金条項がないことが指摘され、最高裁決定は住友信託銀行の損害額を信頼利益に限るようにも読むことができる。その程度の違約金であるのなら、独占交渉条項を取締役限りで定めても違法ではないという含意もあろう。他方で、違約金条項が定められていないとしても、約定違反の損害賠償額が信頼利益に限られるとするべきではない。

　なお、独占交渉条項等に上述のような会社法上の問題がある場合には、その条項の効力を否定することが妥当である。敵対的買収に対する防衛策とし

て、取締役が地位保全のために権限を濫用したのであれば、相手方は通常は悪意または重過失であるから、条項そのものを無効であると解釈することもできる（民法93条但書参照）。そもそも、取締役の権限を越えた行為であると理解するのであれば、平時においても、相手方の悪意を前提として（通常は悪意が認定されるであろう）、条項を無効とすることができよう（商法261条3項・78条2項・民法54条）。もっとも、契約全体を無効とするべきなのか、一部を無効にすべきなのか、この点はさらなる検討が必要である。たとえば、違約金が高額にすぎる場合に、違約金条項のみを無効とすべきか、独占交渉条項の全体が無効となるのかであるが、当事者の合理的意思解釈に反しない限り、瑕疵を治癒するのに必要な範囲で無効とすれば足りよう。

(3) 取引保護条項と敵対的買収防衛

　平時において独占交渉条項を導入すれば、取引保護策（ディール・プロテクション）として第1次的に機能する。本件では、UFJグループにとって三菱東京FGという魅力的な統合先が現れたために、住友信託銀行との間での取引保護策が障害となった。後の友好的買収にとって、前の基本合意が過保護になってしまった事例である。

　これに対して、平時に導入された独占交渉条項は、通常、後の敵対的買収者に対する防衛策として機能することが予定されている（米国のオムニケア事件について、手塚・前掲16-17頁などを参照。本件との関係では、中島茂＝池田裕彦「M&A実務の第一線からみたUFJ裁判〔座談会〕」中東編・前掲67頁の池田弁護士の発言が示唆に富む）。潜在的な買収者を過度に排除して、対象会社の支配の移転（M&A）の妨げにならないようにするため、条項を無効とする解釈に限界があるのなら、適切なフィデュシャリー・アウト条項が設けられている必要がある。取締役の善管義務と両立しない場面においては、その会社は、独占交渉条項から開放されるべきである。

　UFJグループの取締役は、「UFJグループが三菱東京FGとの統合を進めるのが、UFJグループの取締役にとっては、善管義務に沿った行為であり、そのためには、住友信託銀行との基本合意を破棄せざるを得ない」と主張・疎明すべきであったろう。しかし、UFJグループの取締役は、少なくとも表面上は、三井住友FGからの申入れを耳に入れようとしなかった。そのた

第3章 UFJ事件にみる司法判断——取引保護条項の有効性を中心に——

め、三菱東京FGとの統合が経営判断として望ましいのか、三井住友FGとの統合と比較することができず、善管義務によれば何を選択すべきなのかを説明できなかった（福島・前掲185-187頁参照）。

この点は、UFJグループが三菱東京FGと締結した覚書（2004年7月16日）や基本合意（2004年8月12日）において、独占交渉条項が入れられていたかもしれないことに関係しよう。もし、UFJグループの取締役が、住友信託銀行との独占交渉義務からフィデュシャリー・アウトできない状況のままで、三菱東京FGに対して、フィデュシャリー・アウトが困難な独占交渉権を付与していたのであるのなら、両立しない義務を自ら背負い込んだことになる。

最後に、敵対的買収が始まってから、すなわち、有事において第三者との間で、独占交渉条項を伴う統合協議を始めるという使い方も考えられる。第三者が、ホワイト・ナイト（白馬の騎士）であり、対象会社（の経営陣）を助けに入ったという状況である。この場合には、買収防衛策が有事において採られたのであるから、厳格な審査基準に服させるべきである（中島＝池田・前掲67頁〔池田〕参照）。

4　持株会社と敵対的買収防衛

(1)　UFJ銀行による優先株発行

最高裁決定後も、UFJグループをめぐる争奪戦は続いた。先手をとったのは、三菱東京FGであり、UFJ銀行から優先株の引受けを受けた。9月10日に計画がリリースされ、9月17日には増資が完了した。

UFJ銀行が発行した優先株は、三井住友FGからの敵対的な買収を排除する効果を有していた。というのも、UFJHDの価値の90％は、100％子会社のUFJ銀行にあったので、UFJ銀行はクラウン・ジュエル（王冠の宝石）といえ、UFJHDを支配しても、UFJ銀行が手に入らないならば、買収の実が何ら上がらないからである。この点で、上述の優先株は、取締役の選任等について、優先株主に拒否権を与える内容になっていた。つまり、三菱東京FGの了解が得られない限りは、たとえ三井住友FGがUFJHDの株式の過半数を獲得しても、UFJ銀行に取締役等を送り込むことができない。

このような新株発行が有効か否か（商法280条ノ15参照）、さらには、この新株発行を決定したUFJ銀行の取締役等の責任、優先株を発行するために必

要な定款変更の手続についてUFJ銀行の議決権の全部を行使したUFJHDの取締役等の責任（同266条、266条ノ3参照）もが検証されなければならない。

　三井住友銀行の西川善文頭取は、インタビューで、「UFJホールディングスの株主は、UFJグループの支配権を9割方失っている。そんなことが、はたしてUFJホールディングスの株主の了解なしにできるものなのか。日本の商法にはその点において不備がある」とされているが（週刊ダイヤモンド2004年11月6日号38頁）、もっともな見方であろう。

　従来の一般的な考え方では、UFJHDの株主は、新株発行無効の訴えも提起できず、しかも、UFJ銀行に損害が生じても、同社の取締役等に対して代表訴訟を提起することができない。UFJ銀行の株主ではないからである。

　この点、企業法制における法創造の一環として、「ホールディングスの株主による新株発行無効の訴えを今すぐ判例理論として認めるべき」とする見解がいち早く示され（上村達男「一夏の堕落」早稲田大学21世紀COE・ホームページ「所長の声」）、大いに説得的であると考える（さらに詳しくは、上村達男「UFJの大規模第三者割当増資を如何に受け止めるべきか」中東編・前掲151-157頁を参照）。そのための理論構成であるが、新株発行無効の訴え（商法280条ノ15）における原告に、UFJ銀行の株主だけではなく、UFJHDの株主も含めるような拡張解釈をすることが考えられる。

　以上のように、UFJ銀行の優先株発行は、取締役の権限を逸脱した防御策であり、無効と解釈されるべきである。そして、UFJHDの株主は、新株発行の無効を主張する機会を与えられるべきである。これらの点については、いまだ、司法判断は示されていない。

(2) 持株会社化による買収防衛

　ライブドアによるニッポン放送に対する敵対的買収を契機としてか、持株会社を設立することによって、敵対的買収から防衛しようという試みがなされていると、新聞などで紹介されるようになった。

　たとえば、イトーヨーカ堂、セブン・イレブン・ジャパンおよびデニーズによる株式移転を用いた持株会社の設立が、大きく取り上げられた（日本経済新聞2005年4月21日朝刊、日本経済新聞2005年4月22日社説）。イトーヨーカ堂の株式の過半数を取得すると、時価総額で上回るセブン・イレブン・ジャパン

第3章　UFJ事件にみる司法判断——取引保護条項の有効性を中心に——

の株式の過半数を得ることができ、ある種のねじれが生じていた。これを解消し、さらに、時価総額を大きくすることで、敵対的買収からの防衛の効果があると報じられた。

　複数の会社が統合する場合に、株式交換・株式移転により共同で持株会社を作って、その傘下で実質的な結合を行うことがある。金融機関の利用が目立つが、事業会社でも活用されている。持株会社の設立の段階では、当事会社が無理矢理に融合しなくてもよいことが、この結合の方式の利点であると考えられている。

　しかし、この方式が濫用されてはならない。つまり、持株会社の設立によって緩やかな連合を作り上げておき、連合全体としては規模の拡大により買収の対象となりにくくして、さらには、有事を想定して、持株会社の傘下の完全子会社が拒否権付優先株等を第三者に発行して、防衛を万全にする準備を進めておくのである。このような買収防衛策は許されるべきではない。少なくとも後者の新株発行は無効とされるような解釈論が手当てされておく必要がある。また、会社法の制定において、営業譲渡から事業譲渡に用語が変更されることを機に（会社法467条ほか）、子会社株式の譲渡だけではなく、子会社の新株発行により親会社の事業が譲渡されるのと同一の効果が生じる場合には、事業譲渡の規制に服させるべきであろう。

　単体での持株会社化にも同様の問題がある。既存の会社を、新しく設立する持株会社の完全子会社にしてしまい、持株会社株式を上場させ、有事においては、もとの会社が自由自在に防衛策を講じることも、できてしまいかねない。結合企業法制が充実していないという法の不備を突いて、コーポレート・ガバナンスの質を低下させることは許されるべきではない。

5　結　語

　住友信託銀行対 UFJ グループ事件に関する最高裁決定は、それ自体、敵対的買収に対する防衛策の審査基準を直接的には与えるものではない。とはいえ、取引保護策と敵対的買収防衛策とは紙一重に機能する場面があるから、最高裁決定については、射程範囲を明らかにして、会社法的視点からの限界を見定めなければならないであろう。また本事件は、持株会社形態を巧妙に利用して拒否権付優先株の発行という形で、ホワイト・ナイトに対するロッ

ク・アップがなされ、決着がついた感もある。こういった防衛策が許されるのか、批判的な検討が必要である。

第4章 積極的な法創造を
——UFJ事件——

1 はじめに

　本件の紛争は、住友信託銀行と旧UFJグループ3社との間の協働事業化の基本合意に関して、平成16年に繰り広げられた一連の法廷闘争に遡る。旧UFJグループが旧東京三菱フィナンシャル・グループ（MTFG）と統合協議を開始したため、住友信託銀行が、独占交渉義務違反を理由として、情報提供または協議の差止めを求める仮処分を求めた。最高裁まで争われたが、差止めの仮処分は認められず、その後、協働事業化が実現不可能となった。事後の救済として、住友信託銀行が損害賠償を求めたのが本件（東京地判平成18年2月13日金融・商事判例1238号12頁）である。

2 最高裁平成16年8月30日決定

　本件東京地裁判決は、最三決平成16年8月30日判決（民集58巻6号1763頁、金融・商事判例1205号43頁）を、相当に意識した内容になっている。
　最高裁は、基本合意書で定められた独占交渉権を被保全権利として認めた上で、保全の必要性の存否で事件を処理した。すなわち、仮処分を命じた場合に、住友信託銀行UFJグループとに、それぞれ生じる可能性がある損害を比較衡量した上で、差し止めなければ、住友信託銀行に著しい損害や急迫の危険が生ずるものとはいえないと判断した。
　この衡量にあたって、最高裁は、住友信託銀行側の損害に関して、「〔協働事業化〕の成立についての期待を有するにすぎないものであることが明らかである。そうであるとすると、相手方らが本件条項に違反することにより抗告人〔住友信託銀行〕が被る損害については、最終的な合意の成立により抗告人が得られるはずの利益相当の損害とみるのは相当ではなく、抗告人が第三者の介入を排除して有利な立場で相手方〔UFJグループ〕らと交渉を進

めることにより、抗告人と相手方らとの間で本件協働事業化に関する最終的な合意が成立するとの期待が侵害されることによる損害とみるべきである」として、事後の損害賠償は、信頼利益に限られるかのように判示した。

3　本件東京地裁判決

　この最高裁決定からも、本件で、東京地裁が履行利益に相当する損害を認めなかったことは、十分に予想された結論である。損害賠償の範囲を信頼利益に限るか否かは、純粋な法解釈の問題といえるからである。

　企業の統合の成否は、最終的には、法が定める機関の決定を待たなければならない。株主総会決議が必要な組織再編であれば、たとえ当事会社の代表者の間で最終的な合意が得られていても、その時点で効果が生じることはない。合併契約等においては、たとえ明文の定めがなくても、株主総会の承認を停止条件とすることが含意されている。一方の当事会社で株主総会決議が得られなかったとしても、履行利益に相当する損害の賠償を当然に受け取ることはできない。

　このように割り切って考えるのなら、基本合意しか締結されていない本件においては、履行利益の賠償を求めることはできないという東京地裁の結論が妥当であるようにも思われる。そうなれば、違約金を定めておかなかった点で、住友信託銀行の詰めが甘かったに過ぎないのかもしれない。

　しかしながら、違約金を定めておかなければ、法的義務を軽々と反故にしてしまえると言い切ってよいのか。本件協働事業化のように、大掛かりで個性的な契約は、交渉を積み重ねていき、各段階で文書が取り交わされる。交渉が進むに従って、最終的合意に至るであろうという期待は、双方で高まっていく。

　この点、東京地裁は、「UFJ3社は、……本件基本合意に基づく独占交渉義務及び誠実協議義務を負っていたにもかかわらず、同〔平成16年7〕月13日及び14日、原告に対し、一方的に本件協働事業化の白紙撤回を通告するとともに、本件基本合意の解約を申し入れ、その後原告が本件協働事業化の実現を望んでいたにもかかわらず、その実現に向けた協議、交渉を一方的に拒絶してこれを一切行わなかったばかりか、同月14日、MTFGに対して本件対象営業等も含めた経営統合の話を持ちかけたというのであるから、UFJ3

第4章 積極的な法創造を──UFJ事件──

社が独占交渉義務及び誠実協議義務に違反したことは明らか」と、UFJグループの義務違反を激しく非難している。

にもかかわらず、東京地裁は、義務違反がなければ成立していた契約の内容が明らかでなく、履行利益は観念できないとする。また、履行利益に最終合意の客観的可能性を乗じた額は、相当因果関係の解釈として採用できないとして、損害論で請求を切り捨てた。形式的な論理としては美しいが、段階的に最終的な合意に至る類の契約について、ゼロ・サム的な発想が馴染むとは思われない。

かりに違約金が定められていたとしても、その額が適正か否かの判断を裁判所が求められる場面がある。違約金があまりに高額であると、売り手側の会社が競合する申し入れを受けた場合に、常に拒絶しなければならない立場に置かれる。このような違約金の約定は、取締役の善管注意義務に違反するというべきであり、取締役会の権限を越えたものである。どの程度の違約金ならば、安定的な交渉を可能としつつ、同時に、競合申入れに応じる余地を残すことができるのかが、鍵となると考えられる。違約金の額は高度な経営判断事項であり、適法と認められる額にも幅があり、一定額に決まるものではなかろう。

とはいえ、違約金の定めがない場合に、裁判所が適法と認められる範囲の最低額を認定して、これを独占交渉義務等と相当因果関係のある損害であると法的にとらえることが否定されるものではないと考える。具体的な金額の算出にあたっては、当事者の立証が前提となるが、便法として、履行利益の額に最終合意の客観的可能性とを乗じた金額を用いることも許されてよい。

なお、本件では争点になっていないようであるが、UFJグループは独占交渉義務等に違反して、別の統合候補と協議等をしただけではない。UFJ銀行の拒否権付優先株をMTFGに発行して、三井住友フィナンシャルグループからの敵対的買収を事実上不可能にした。UFJグループの経営陣は、買収者間の競争を否定したことになるが、特段の事情がない限り、許されざるべきものではない。この優先株の発行は無効とされるべきであるが、UFJ銀行はUFJホールディングスの100％子会社であるから、形式的には提訴できる者がいない。住友信託銀行との関係では、法の趣旨に反する行為を積極的に行うという不誠実な暴挙に出たといえ、この点が損害賠償に何ら反映さ

れないとするなら、正義の実現は果たし得ないであろう。

4 おわりに

　裁判所による創造的な法形成に対する期待が、一段と大きくなっている。このような時代の要請に反して、本判決は、法の創造的な運用よりも、論理の美しさを選択したようにも思われる。実務は既に対応を済ませており、土臭い理屈は、本件の事後処理のみに必要なのかもしれない。そうであるにせよ、法創造の役割を果たすため、裁判所が素足で地面に降り立つことが求められよう。

第5章　住友信託銀行 vs. 旧 UFJ 事件
――【本案・第1審判決】東京地判平成18年2月13日
〔控訴：平成18年11月21日和解〕――

1　事案の概要

本件(1)は、情報提供又は協議禁止仮処分が争われた最高裁平成16年8月30日決定の後編というべきものである。

住友信託株式会社（以下、「住友信託」という。）は、株式会社株式会社ユーエフジェイホールディングス（以下、「UFJHD」という。）、ユーエフジェイ信託銀行株式会社（以下、「UFJ信託」という。）および株式会社ユーエフジェイ銀行（以下、これら3社を「UFJ3社」という。）との協働事業化に関して、平成16年5月21日に締結された基本合意書の独占交渉条項等に基づき、UFJ3社に対して、株式会社三菱東京フィナンシャル・グループ（以下、「MTFG」という。）との協議等を禁止するよう差止めの仮処分を求め、最高裁まで争ったが、これが認められなかった。

住友信託は、紆余曲折を経たが、最終的に裁判所で判断を求めたのは、損害賠償請求である。すなわち、UFJ3社に対して、基本合意に基づく協働事業化に関する最終契約を締結する義務に違反した、基本合意に基づく独占交渉義務及び誠実協議義務に違反したなどと主張して、債務不履行または不法行為に基づく損害賠償として、各自損害金2,331億円の一部である1,000億円と遅延損害金の支払を求めた。

本件訴訟の係属中、平成17年10月1日に、UFJ3社は、MTFGと合併により統合したため、株式会社三菱UFJフィナンシャル・グループらが、訴

（1）金融・商事判例1238号12頁。最高裁平成16年8月30日決定については、金融・商事判例1205号43頁。詳細は、浅妻敬＝野島梨恵「住友信託銀行対旧UFJ事件【仮処分決定】」野村修也＝中東正文編『M&A判例の分析と展開』210頁（経済法令研究会、2007年）参照。また、中東正文編『UFJ vs. 住友信託 vs. 三菱東京―― M&Aのリーガルリスク』（日本評論社、2005年）も参照。

訟を承継した。なお、本判決後、東京高裁に控訴されたが、平成18年11月21日、訴訟承継人が25億円の解決金を住友信託に支払うことを骨子とする訴訟上の和解が成立している(2)。

2 判決要旨

(1) 請求棄却

《争点1》（平成16年7月13日当時、UFJ3社が本件基本合意書に基づいて本件協働事業化に関する最終契約を締結する義務を負っていたか否か）

「UFJ3社及び原告〔住友信託〕は、本件基本合意時において本件協働事業化に関する最終契約を締結する義務を負っていたとはいえず、本件基本契約ないし本件協働事業化に関する最終契約を締結するまでは、これらの契約を締結するか否かの自由を有しているのであるから、これらの契約を締結する義務を負うものでないことは明らかである。」

《争点2》（民法130条の適用若しくは類推適用又は禁反言の原則により、平成16年7月13日当時、UFJ3社が本件協働事業化に関する最終契約を締結する義務を負っていたか又は同契約が締結されたとみなすことができるか否か）

「民法130条の適用若しくは類推適用又は禁反言の原則により、UFJ3社に本件基本契約の締結義務を認めたり、本件基本契約が有効に締結されたとみなすことはできない」。

「以上争点1及び2について検討したところによれば、平成16年7月13日当時、UFJ3社が本件基本契約又は本件協働事業化に関する最終契約を締結する義務を負っていたと認めることができないから、原告〔住友信託〕の本訴請求のうち、UFJ3社の本件基本契約又は本件協働事業化に関する最終契約の締結義務違反を理由とする債務不履行に基づく損害賠償請求は、その余の点について判断するまでもなく、理由がない。」

《争点3》（UFJ3社が本件基本合意に基づいて独占交渉義務及び誠実協議義務を負うか否か）

「まず、独占交渉義務について検討するに、……本件基本合意書12条後段

---

(2) 訴訟の経緯について、三宅伸吾「法化社会日本を創る⑳──大銀行の争い、問われた品格」日本経済新聞2006年11月28日夕刊も参照。

が『各当事者は、直接又は間接を問わず、第三者に対し又は第三者との間で本基本合意書の目的と抵触しうる取引等にかかる情報提供・協議を行わないものとする。』と規定しており、本件において、同条項の法的拘束力を否定するような事情は見出せないから、UFJ 3社は、原告に対し、本件基本合意書12条後段に基づき、直接又は間接を問わず、第三者に対し又は第三者との間で本件基本合意書の目的と抵触し得る取引等に係る情報提供・協議を行ってはならないという独占交渉義務を負うというべきである。」

「次に、誠実交渉義務について検討するに、……本件基本合意書8条1項は、協働事業化の目的を定めた1条や誠実協議との見出しがある12条の規定に加え、更に重ねて各当事者が誠実に協議すべきことを規定していること、及び各当事者が本件基本合意を締結するに当たり、本件協働事業化の実現のためには、本件基本合意後に当然に予定されている準備作業や協議を行うに当たり、相互に誠実に協議すべき法的な義務を負う必要があるとの認識をもっていたことからすると、8条1項の規定は、UFJ 3社及び原告が本件協働事業化に向けて誠実に協議すべき法的義務を相互に負うことを定めたものであると解される。」

《争点4》（UFJ 3社の独占交渉義務及び誠実協議義務が平成16年7月13日に消滅したか否か）

「UFJ 3社と原告が協議、交渉を重ねても、社会通念上、本件協働事業化に関する最終契約が成立する可能性がないと判断されるに至った場合には、本件基本合意に基づく独占交渉義務及び誠実協議義務も消滅するものと解される。」「平成16年7月13日当時、UFJ 3社と原告が協議、交渉を重ねても、社会通念上、本件協働事業化に関する最終契約が成立する可能性がなかったとまでは断定できず、UFJ 3社の独占交渉義務及び誠実協議義務が消滅したとは認められない。」

「以上争点3及び4について検討したところによれば、……UFJ 3社が独占交渉義務及び誠実協議義務に違反したことは明らかであり、UFJ 3社にはこれらの義務違反による債務不履行責任があるというべきである。」

《争点5》（UFJ 3社の債務不履行又は不法行為と相当因果関係にある損害の額）

「UFJ 3社が独占交渉義務及び誠実協議義務を履行し原告との間で本件協働事業化に向けて協議、交渉を継続していたとしても、本件協働事業化に関

する最終契約が成立していたことが客観的に確実又は高度の蓋然性があったとは認められないし、また、UFJ3社と原告との間では、その事務局ないし担当者レベルにおいてすら、本件協働事業化に関する最終契約の内容も具体的に確定していなかったのであり、その契約の成立を前提とする履行利益というものを観念することができないから、本件協働事業化に関する最終契約が締結されていれば原告が得られたであろう利益相当額は、UFJ3社の独占交渉義務違反及び誠実協議義務違反と相当因果関係にある損害ということはできない。」

「本件協働事業化に関する最終契約が成立した場合に想定される利益にUFJ3社が独占交渉義務及び誠実協議義務を履行していれば最終契約が成立していたであろう客観的可能性を乗じた額をもって、UFJ3社の債務不履行と相当因果関係のある損害と認めることはできない。」

「〔民事訴訟法248〕条は、損害が生じたことが認められる場合において、損害の性質上その額を立証することが極めて困難であるときに適用される条文である。これに対し、本件においては、前示のとおり、UFJ3社の独占交渉義務及び誠実協議義務の債務不履行により原告に履行利益相当額の損害が発生したと認めることができないのであるから、同条を適用する余地はない。また、原告〔住友信託〕は、上記期待そのものについてその算定が困難であるとも主張するかのようであるが、上記期待の侵害については、原告〔住友信託〕が上記期待により被った具体的な損害を主張立証すれば足りることであるから、事柄の性質上、その額を立証することが極めて困難であるといえないことは明らかである。」

「誠実協議義務を履行していたとしても、同契約の成立が確実であったとはいえず、また、同契約の内容も具体的に確定していなかった本件においては、本件協働事業化に関する最終契約が成立した場合の得べかりし利益（履行利益）は、独占交渉義務違反及び誠実協議義務違反と相当因果関係があるとは認められないから、原告は、被告らに対し、最終契約の成立を前提とする履行利益相当額の損害賠償を求めることができないものというべきである。」

「そして、被告ら〔UFJ3社〕は、独占交渉義務及び誠実協議義務の債務不履行と相当因果関係のある損害について賠償する義務を負うというべきと

ころ、原告〔住友信託〕は、本件において、上記債務不履行と相当因果関係のない履行利益相当額の損害ないしこれを基準に算出した損害額についてのみ主張し、それ以外の損害について、何らの主張立証もしていないから、被告らに独占交渉義務及び誠実協議義務の債務不履行に基づく損害賠償責任を認めることはできない。」

3 分析と展開

(1) 最高裁平成16年決定と本判決

　本件では、冒頭で述べたように、最高裁平成16年8月30日決定において、UFJ3社がMTFGとの間で状況提供または協議を差し止める仮処分が認められなかったことを受けて、最終的には、事後的な救済として、損害賠償請求の可否等が裁判で争われた。

　多岐にわたる争点は、東京地裁によって整理されており（2参照）、大半は、最高裁平成16年決定で既に検討がなされたものである。さらに、仮処分事件のうち保全の必要性（民事保全法23条2項）については、最高裁が「重要な争点であり、本件仮処分命令の申立て以降、当事者双方が、十分に主張、疎明を尽くしているところである」としている。疎明の程度にもよるが、最高裁としては、破棄自判するだけの確信を事実関係について有しており、また、本件では法解釈が争点となっているものが多い。

　このような事情に鑑みると、損害賠償事件に関する東京地裁も、大筋で最高裁決定を踏襲することが予想された。実際にも、そのような内容の判断が示された。東京地裁にとって、最も判断が難しかったのは、相当因果関係にある損害賠償の範囲の問題であったろう（《争点5》）。というのも、住友信託は、信頼利益に相当する費用の主張・立証をしておらず、東京地裁としても、信頼利益の額のさじ加減で、事件を収めることが許されなかったからである。

(2) 最終契約締結義務（《争点1》と《争点2》）

　《争点1》と《争点2》は、当事会社が最終契約を締結する義務を負っていたか否か、あるいは、民法130条の適用などによって、最終契約が締結されたとみなすことができるか否かを問題にして、いずれかが肯定されれば、最終契約が履行されなかったことに基づく損害賠償への道が開かれることになる。

東京地裁は、これらの点について、詳細な事実認定をして、最終契約に実質的には至ったとは認められず、そうであるのなら、当事会社に最終契約を締結するか否かの自由が残されているとして、住友信託の主張を排斥した。

この点については、契約法の問題として、おそらく異論が少ないであろう。また、会社法の問題としても、本件協働事業化のために必要な機関決定がなされていない以上、最終契約が締結されたのと同じ状況を前提として、損害賠償額の算定を行うのは望ましくない。本件で、UFJ 3社の側において、各社のどの機関の決定が必要であったのかは、必ずしも明確ではないが(3)、少なくとも、UFJHDの取締役会の決議が必要であり、基本合意書と東京地裁が認定したその後の事実関係からは、この決議が実質的には得られたと判断するのは難しいであろう。

また、どちらの取締役会も、協働事業化の交渉中で他との協議等が制限されているにしても、第三者が一段と魅力的な提案を行う余地を残しておくことが法的に要請される。あり得る選択肢を完全に排除することは、取締役の善管注意義務ないし忠実義務に違反する可能性がある。この点は、会社法の問題として、fiduciary out（信認義務に基づく交渉からの離脱）に関する条項を、基本合意書に盛り込んで置くべきであったとの批判に関係する。本件のように記載がない場合でも、合理的意思解釈として、あるいは契約の効力の会社法上の限界として、fiduciary out を認めるべきことになろう(4)。

---

(3) UFJ 信託においては株主総会決議が必要であろうが、UFJHD が議決権の全部を有しているのであるから、結局のところ、UFJHD の取締役会決議のみで、本件協働事業化の会社としての決定をなし得る事例であったかもしれない。とするのなら、UFJHD の取締役会で協働事業化が承認されてさえいれば、UFJ 信託で株主総会決議が否決されるという筋道は考えにくく、その限りで、民法130条の類推適用が認められやすくなろう。
(4) 以上の諸点について、手塚裕之「M&A 契約における独占権付与とその限界——米国判例からみた UFJ グループ統合交渉差止仮処分決定の問題点」商事法務1708号12頁（2004年）を参照。手塚弁護士は、米国判例を参考にしつつ、本件基本合意書の法的効力について、もっぱら契約法または民事保全法の観点から議論が行われていることに対して、会社法の観点からの考察が必要であると、警鐘を鳴らされる。同様の視点を示すものとして、近藤光男「取締役の義務と独占交渉権の効力」中東編・前掲注（1）84頁など。

(3) 独占交渉義務等の法的拘束力（《争点3》と《争点4》）

《争点3》と《争点4》は、本件基本合意書においては、独占交渉義務と誠実協議義務を規定した条項について、法的拘束力の有無が明示されておらず、これが認められるのか否か、認められるとした場合に、状況の変更とともに、法的拘束力が消滅したか否かに関するものである。

これらの点に関する東京地裁の判示についても、差止仮処分事件に関する一連の決定の評釈などにおいて、論じ尽くされている感がある。以下では、法的拘束力の内容について、今後の更なる議論を期待しつつ、検討の端緒を提示しておきたい。

独占交渉義務にせよ、誠実協議義務にせよ、基本合意の当事者間で法的拘束力が肯定されるのであれば、その合意は守られなければならない。ただ、その内実として、合意が守られない場合に、① 裁判所によって義務の履行を直接的に強制することができるのか、本件の文脈では、差止めが認められるという意味での法的拘束力を有するのかについては、議論が深められる途上にある。あるいは、② 裁判所による強制（保全）を求めることができるものではなく、ただ、合意違反があった場合に、損害賠償を求めることができるに過ぎないのか。

この問題については、独占交渉義務に違反した場合にも、損害賠償義務を生じさせるにとどまり、他との交渉の差止請求権を認められるべきではないとの見解が有力に示されている[5]。差止請求権を認めると、市場機能の著しい阻害になるからであると指摘される（独禁法2条9項4号、不公正な取引方法11項参照）[6]。

このような見方に対しては、協働事業化の契約は交渉過渡期にあるが、独

---

(5) 田山輝明「契約締結過程での独占交渉権等の合意の効力」中東編・前掲注（1）101-104頁、江頭憲治郎『株式会社法』59頁注（4）（有斐閣、2006年）。

(6) 江頭・前掲注（5）59頁注（4）。このような見解によれば、最高裁は、「独占交渉権に基づく差止めの主張を保全の必要性を欠くとの理由で排斥したが、実体上差止請求権がないと解すべき」であったことになる。なお、当事者が目指した法的拘束力の内容が不明確であることを指摘するものとして、須藤典明「契約の拘束力」金融・商事判例1204号1頁（2004年）。また、今後の実務で考察されるべき事項として指摘するものとして、中山裕介「独占交渉権の有用性と限界」金融法務事情1729号64頁（2005年）。

占交渉権の付与について、当事者は後戻りすることのない確定的な意思を有しており、成立した契約の効力に関する一般原則からすれば、強制力を排除する特段の合意がない限り、合意について履行の強制まで認められるのが通常の帰結であるとの伝統的な見解がある(7)。もっとも、この論者も、会社法の観点から、履行の強制力まではない合意にとどまると解される余地があることを留保している(8)。

この点に関して検討を要するのは、差止請求権を否定する見解によっても指摘されているように、会社支配市場の競争性が失われないようにすることである。経済法的な観点から、不公正な取引方法とも表現できるであろう。また、会社法的な観点からは、fiduciary out を制約する契約を、協働事業化の決定権限を有しない会社機関は締結することができず、これは、取締役等の権限の限界の問題ともいえるし、取締役等の義務の裏面であるともいえる。

例えば、独占交渉義務を負う期間が長いことが問題なのであれば、独占交渉義務を定めた条項を無効とするのが簡潔な対応ではある(9)。他方で、独占交渉権付与について取締役に与えられている権限は合理的な範囲に制約され、これを逸脱した部分については効力を否定するという形で、ゼロ・サム的な発想から脱しようとする見解もある(10)。法的拘束力が途中で消滅するかという立論よりも、会社法の理論として率直であろう。

独占交渉義務や誠実協議義務は、最終的な目標に向かっての手段的な債務であり、最終的な交渉に向けての土俵の設定に関する事項である。どのような協議であれ、枠組みが適正に設定されなければ、上手く進みようがない。安心して交渉を進めるためにも、履行の強制力を伴った形で、交渉の枠組み

---

(7) 沖野眞已「企業間の協働事業化に関する基本合意における『独占交渉権条項』の効力〔判批〕」ジュリスト69頁（2005年）。沖野教授は、当事者の合意や慣習によっては強制力のない債務となる余地もあるが、「賠償の算定は困難であって損害賠償では独占交渉権条項の目的の達成に十全ではない」ことなどを指摘され、履行強制力まで付与された条項と解するのが適切とされる。ほかにも、契約上の権利として法的拘束力があれば、差止請求権が認められるとするものとして、新谷勝「M&A契約における独占交渉権に基づく、第三者との経営統合協議等差止仮処分申請が認められなかった事例〔判批〕」金融・商事判例1206号61頁（2005年）。

(8) 沖野・前掲注(7) 69頁。

(9) 例えば、新谷・前掲注(7) 61頁。

(10) 福島洋尚「UFJ統合問題が今後に与える影響」中東編・前掲注(1) 182頁。

が保持されることが望ましい。とはいえ、実際問題として、これらの義務が強制可能かという問題が残る。いずれも為す債務であるし、不作為義務ならば履行を確保することも不可能ではないかもしれないが、作為義務を強制するのは難しい。しかも、これらの義務を強制したところで、本来の交渉が進む訳ではない。義務を履行したところで、実効性がないともいえる。

とはいえ、履行が強制することができないからといって、損害賠償額が信頼利益に限られるという結論には至らない。むしろ、間接強制となることから、「債務の履行を確保するために相当と認める一定の額の金銭」の支払が強制力の担保となっているのであるから（民事執行法172条1項。同条4項参照）、信頼利益の賠償にとどまっていては、意味がないであろう。この限りにおいて、履行の強制が可能かという点の判断が、損害賠償の範囲の判断に、一定の関連性を有するとも思われる。

(4) 相当因果関係にある損害額

争点5は、債務不履行と相当因果関係にある損害の額についてである。

差止仮処分事件に関する最高裁平成16年決定は、UFJ 3社に独占交渉義務等に違反があるとしつつも、それによって住友信託が被る損害について、「最終的な合意の成立により……得られるはずの利益相当の損害とみるのは相当でなく、……第三者の介入を排除して有利な立場で相手方らと交渉を進めることにより、……本件協働事業化に関する最終的な合意が成立するとの期待が害されることによる損害とみるべきである」とする。

最高裁は慎重に言葉を選んでいるようにみえるが、本件で東京地裁は、信頼利益と履行利益の二分論を採った。この点については、強い批判がなされている[11]。また、東京地裁は、最終契約に至っていないから、履行利益が観念することができず、履行利益の額を基準とする便宜的な計算方法を全て排除した。協働事業化が最終契約の目的であるから、確かに履行利益を算定するのは難しいが、そのことは、履行利益を観念できないことを意味しない。

東京地裁は、最高裁の判示を忠実に踏襲したつもりかもしれない。ただ、

---

(11) 松本恒雄「M&A 基本合意書の拘束力と損害賠償の範囲」金融・商事判例1238号 5頁（2006年）。

第Ⅱ部　法理の具体的な実践

　最高裁も、「最終的な合意が成立するとの期待が害されることによる損害」という表現を用いており、「最終的な合意が成立すると信頼したために被った損害」とは限定していない(12)。他方で、「事後の損害賠償によっては償えないほどのものとまではいえない」とも説示するから、「最終的な合意が成立していれば生じなかった損害」を認める趣旨でもなかろう。

　東京地裁は、住友信託が主張した期待値方式（最終契約成立時に想定される利益×最終契約成立の客観的可能性）について、履行利益が観念できないことなどを理由にして、排斥している。履行利益を観念できないという理由付けの当否がまずは疑問である。さらには、当事者の証明活動の中身として、期待値方式の採否について、実践的な検討が必要になろう(13)。最高裁の相場観は、本来、このあたりにあったのではなかろうか。東京地裁は、可能性が低いから期待値方式を採ることができないと説示しているようであるが、相当程度の蓋然性（優越的蓋然性）を認定しているのなら、期待値方式を認める余地が十分にあった(14)。

　また、東京地裁は、民事訴訟法248条の適用の可否について、履行利益の算定を対象にして判断しているようであるが、本件で相当因果関係にある賠償が、信頼利益と履行利益の間にある期待利益ともいうべきものであるとすれば、この期待利益の損害は性質上その額を立証することが極めて困難である。このような場合こそ、公平で妥当な解決を図ることは、同条の趣旨に適うものであろう(15)。

---

(12) 畑郁夫「最近の大型企業統合（M&A）紛争を巡る法的諸問題について」民商法雑誌132巻1号32頁（2005年）は、最高裁決定は「期待利益」と言っており、講学上の「信頼利益」という用語を使っていないことに注目しつつ、これが意識的か否かは分からないとする。

(13) 山本和彦「民事手続法の観点から」金融・商事判例1238号11頁（2006年）、中東正文「積極的な法創造を」金融・商事判例1238号9頁（2006年）。山本教授は、医療事故に関する最高裁判決に関して、生存可能性を保護法益とするという発想を、本件で援用することを通して検討されている。

(14) 山本・前掲注(13) 11頁。

(15) 山本・前掲注(13) 11頁。また、相当な損害額の認定には、違約金の定めが設けられた場合の一般的な算定基準を目安にすることも考えられよう。

(5) **結　語**

　東京地裁は、理論構成における美しさを追求したようでもある。説得の学問としての法律学には、理論の美しさも大切である。しかし、それがために、創造的な法解釈が妨げられることがあってはならない。

第6章 取締役会決議が必要な重要な財産の処分
―最高裁平成6年1月20日第一小法廷判決―

1 事実の概要

　平成2年1月18日、X株式会社（原告・控訴人・上告人）の代表取締役であった訴外Aは、Y（被告・被控訴人・被上告人）に対して、X社が保有していた訴外B社の株式12万1,000株（本件株式）を、代金7,986万円で譲渡した。本件株式の譲渡については、X社の取締役会の承認決議はされていなかった。

　X社は、もともとA一族によって設立され支配されてきたが、代表取締役であった訴外Cとの間で内紛が生じ、平成元年中に、AがX社の代表取締役に選任され、Cは逆にこれを解任されるという事態になった。その後、関係者間で和解が成立して、本件株式譲渡の翌日である平成2年1月19日に、Aが代表取締役を解任され、Cが再びX社の代表取締役に選任された。

　復帰したCは、本件株式譲渡が平成17年改正前商法260条2項1号（会社法362条4項1号）にいう重要な財産の処分に該当し、取締役会決議を経ていない譲渡は無効であるなどとして、Yに対して、X社が本件株式につき株主であることを確認する訴えを提起した。

　原審（東京高判平成4年12月15日民集48巻1号12頁参照）は、本件株式は価格的には相当な財産であるが、配当を受領していただけでX社の営業の維持発展のため必要不可欠な財産ではないこと、譲渡の代価を取得できること、本件株式の帳簿価額とX社の資産額との対比などをあわせて考えると、本件株式譲渡は同号にいう重要な財産の処分に該当しないとして、X社の請求を棄却すべきものとした。そこで、X社が上告。

2 判旨

　破棄差戻し。

　「商法260条2項1号にいう重要な財産の処分に該当するかどうかは、当該

財産の価額、その会社の総資産に占める割合、当該財産の保有目的、処分行為の態様及び会社における従来の取扱い等の事情を総合的に考慮して判断すべきものと解するのが相当である。」

「本件株式の帳簿価額は7,800万円で、これはＸ社の前記総資産47億8,640万円余の約1.6パーセントに相当し、本件株式はその適正時価が把握し難くその代価いかんによってはＸ社の資産及び損益に著しい影響を与え得るものであり、しかも、本件株式の譲渡はＸ社の営業のため通常行われる取引に属さないのであるから、これらの事情からすると、原判決の挙示する理由をもって、本件株式の譲渡は同号にいう重要な財産の処分に当たらないとすることはできない。さらに、本件株式はＢ社の発行済み株式の7.56パーセントに当たり、Ｂ社はＸ社の発行済み株式の17.86パーセントを有しているのであり、……〔証拠略〕によればＢ社は平成2年5月30日に開催されたＸ社の株主総会に出席した上取締役選任に関する動議を提出したことがうかがわれるのであるから、本件株式の譲渡はＸ社とＢ社との関係に影響を与え、Ｘ社にとって相当な重要性を有するとみることもできる。また、……〔証拠略〕によれば……Ｘ社においてはその保有株式の譲渡については少額のものでも取締役会がその可否を決してきたものとみることもできる。」

3　解　説

（1）本判決[1]には、平成17年改正前商法260条2項1号にいう「重要ナル財産ノ処分」について、最高裁の判断が初めて示されたという点で、大きな意義が認められる。

昭和56年改正前の商法260条は、「会社ノ業務執行ハ取締役会之ヲ決ス支店ノ設置、移転及廃止並ニ支配人ノ選任及解任亦同ジ」と定めていた。昭和56年改正商法は、代表取締役等の不適切な業務執行を監督し、その権限の明確化と強化を図ろうとした。そのために、平成17年改正前商法260条2項では、各取締役に委ねることができない取締役会の専決事項を明文で定めた（竹内昭夫『改正会社法解説〔新版〕』〔1983〕154頁以下、元木伸『商法等の一部を改正する法

（1）平成5年(オ)第595号株主権確認請求事件（民集48巻1号1頁、判時1489号155頁、判タ842号127頁）。

律の解説』〔1990〕322頁以下、稲葉威雄『改正会社法』〔1982〕226頁以下）。

会社法362条4項1号も、「重要な財産の処分」は、取締役会で決定しなければならないとしており、会社法の制定後も、本判決は引き続いて先例として実質的な変更を受けない。

(2) 本判決の判断枠組みの基本は、① 当該財産の価額、② 会社の総資産に占める割合、③ 当該財産の保有目的、④ 処分行為の態様、⑤ 従来の取扱いなどの事情を総合的に考慮して判断することにある。

従来の通説も、「重要」かどうかは、「会社の規模・状況等とその金額、企業組織上の地位、従来の扱いを勘案して判断する外なく、すべての会社を通ずる画一的基準を定めることができないのはもちろん、同一の会社でも会社の状況や取引の性質等により扱いを異にすべき場合もありうる」（鈴木竹雄＝竹内昭夫『会社法〔第3版〕』〔1994〕275頁）としていた。あるいはまた、「一般抽象的に決することはできず、各場合につきその会社の規模・事業の性質・業務または財産の状況などに照らして、代表取締役の決定にゆだねることが相当かどうかの見地から判断しなければならない」（大隅健一郎＝今井宏『会社法論（中）〔第3版〕』〔1992〕186頁以下）とも説かれてきた。本判決も、基本的にはこれらの判断を踏襲したものであろう。

やや表現を異にし、経常性と反復性を備えていないものに重要性が認められるとする有力説も存在している（山口幸五郎「取締役会の決議事項の法定」民商法雑誌86巻2号218頁。河本一郎『現代会社法〔新訂第9版〕』〔2004〕463頁も参照）。通説と対置して論じられることが多いが、異なった視点に立ちながらも、具体的には同一の結論にたどり着くべきものであるようにも思われる。本判決も「本件株式の譲渡はX社の営業のため通常行われる取引に属さない」ことを指摘し、重要性の判断の材料としている（森本滋・民商法雑誌112巻1号79頁参照）。

(3) 本判決が提示している具体的な判断要素について、本件への当てはめも意識しながら、順次考察していくことにしよう。

まず、① 当該財産の価額であるが、会社の規模や資産状況が様々であることを考えると、当該財産の価額そのものから当然に重要とされる例は少ないであろう（森本・前掲78頁）。以下に述べる会社の資産に占める割合などとの関係において、判定されるべきものである。本件では、B社が閉鎖会社で

あったことから、本件株式の適正な時価を把握しがたいという事情もある。

② 当該財産の価額が会社の総資産に占める割合についてであるが、この点については、かねてから一応の目安が実務界を中心に模索されてきた。例えば、資産の売却については、「会社の貸借対照表上の総資産額の100分の1に相当する額程度」を目安にすべきであるとか（東京弁護士会会社法部編『取締役会ガイドライン〔改訂版〕』〔1993〕142頁）、会社の資産の帳簿価格の0.1％から1％がヒントとなるとされてきた（商事法務研究会編『取締役ハンドブック〔新訂版〕』〔1991〕301頁）。一つの境界線は1％ということにもなろうが、本判決は、1.6％という数値を決定的なものとはみていない（柴田和史・平成6年度重判解〔ジュリ1068号〕97頁参照）。実務で考えられている基準のように分母となるべき総資産が簿価によっているだけでなく、本件では、分子にあたる本件株式すら簿価によって評価されているから、この点での重要性の判断は一層曖昧なものになっている。

③ 当該財産の保有目的につき、本判決は、単に配当を受領することを目的とするとの原判決の判断を退け、B社との間の相互保有関係をも考慮に入れる必要があることを示唆する。しかしながら、X社の財産や営業に重要な影響を与えるというより、支配関係に間接的に影響を与えるにすぎないものであり、代表取締役であるAの代表権濫用行為とする一つの事情となり得ても、当然に取締役会の専決事項ないし代表権の制限の問題とすることには疑問がある（森本・前掲80頁）。

④ 処分行為の態様には、売却、贈与、担保提供などが考えられるが、本件では特に明確な形では問題になっておらず、「代価いかんによっては」という部分が関係する程度である。代価が得られない場合であれば、重要性の基準は厳しくなることは当然であろう。

⑤ 従来の取扱いを本判決は判断基準に掲げている。これは、上述の通説（鈴木＝竹内説）の影響を受けたものであることが指摘されている（柴田・前掲97頁）。従来の取扱いが尊重されるとすれば、実務では取締役会に付議する基準を内規等で定めている例が多いから、会社内部はもとより、取引の相手方も取締役会の承認が得られていなくても安心して取引を行うことができるようになろう。このような利点はあるが、あくまでも副次的な判断材料でしかないと考えるべきである（森本・前掲79頁）。というのも、この基準を徹底

すれば、取締役会で決定すべきか否かの問題が、法律的に判断されるべき事柄ではなくて、事実ないし慣行の問題に帰してしまうからである。最高裁調査官による解説でも、「ある会社が『重要ナル財産ノ処分』に当たるべき案件を取締役会決議を経ないで処理してきたとしても、そのような違法な取扱いが当該会社に限っては適法になるという趣旨でないことはもちろんである」(野山宏・曹時48巻10号2257頁) とされている。なお、取締役会決議により、ある金額を超える財産の処分は取締役会に付議すべしと取扱いを明示しておけば、訴訟でもその基準が尊重される可能性が高いと説かれるが (江頭憲治郎『株式会社・有限会社法〔第4版〕』〔2005〕351頁)、基準に反して付議されなかった事例に関しては、正当であろう。

(4) 本判決は、基本的な判断要素を個別的に示してはいるが、それらを総合的に判断すべきとしており、その総合判断がどのようになされるべきかを明確には示していない。自判するだけの事実関係が原審では認定されていないこともあって、なおさらこの点が曖昧になっている。

学説には、前記の①および② (当該財産の価額と会社の総資産に占める割合) とそれ以外の要素とがどのような関係にあるのかを論じるものがある。①と②によって数量的に客観的な上限が画され、それを下回る場合にのみ、③以下の要素が考慮されるという見解が一方で存在する。他方で、①と②にそのような重点をおかず、文字通り全部を総合して判断するとの立場もあり得る。

このような問題提起をする論者は、前者を支持する傾向にあるようである (久保欣哉・判例評論430号〔判例時報1506号〕50頁、藤原俊雄・静岡大学法経研究44巻2号139頁)。この説によれば、重要性の基準は相当に客観的かつ明確になるであろう。

(5) 本判決では問題となっていないが、取締役会の決議が必要な場合に、これを欠く代表取締役の行為の効力いかんが問題となる。この点、最高裁は、民法93条類推適用説を採用し、相手方が善意無過失である場合に会社は取引の無効を主張することができないとする (最判昭和40年9月22日民集19巻6号1656頁―本書71事件)。これに対しては、相手方の保護要件が厳しいとの批判も強い。違反行為の効力を否定するなら重要性を客観的基準で制限的に捉えるべきであるとの主張も有力である (森本・前掲80頁以下)。重要性の基準と違反行為の効力との関係を今後は整序していくことが必要であろう (森本・前掲81頁)。

〈参考文献〉

本文で引用したもののほか——阿部一正ほか『条解・会社法7』(1997) 別冊商事法務200号14頁／石田榮一・金融・商事判例963号45頁／周田憲二・平成法学1号183頁／長谷川新・立教法学44号222頁／弥永真生・法学セミナー483号41頁／山下眞弘・法学教室166号130頁

第Ⅱ部　法理の具体的な実践

第7章　ブルドックソース事件を巡る法的戦略と司法審査

1　はじめに

　最高裁は、平成19年8月7日、初めて、敵対的企業買収に対する防衛策に関する判断を示した[1]。

　有事導入型の防衛策であること、全部買付を予定した公開買付に対抗して発動されたものであること、敵対的買収者に経済的損害を与えにくい構造の防衛策であったこと、しかも、株主総会において防衛策の発動が議決権総数の約83.4％の賛成を得て可決されたことなど、特殊な事情を前提とするものであるから、今後の防衛策の設計に具体的な基準を与えるものでは必ずしもない[2]。

　しかしながら、最高裁によって、判断枠組みの基礎などが示された意味は大きい。本章では、東京地裁決定[3]と東京高裁決定[4]とも比較しながら、当事者の戦略を検証しつつ、本件で提起された論争点を検討し、さらに、今後の実務への示唆を考察する。

2　事件の全体像と各当事者の動き

(1)　事件の構図

　本件は、スティール・パートナーズ・ジャパン・ストラテジック・ファンド（オフショア）・エル・ピー（以下、「SP」）が、東証二部上場のブルドック

---

(1)　最決平成19年8月7日金融・商事判例1273号2頁。
(2)　例えば、「ブルドック判決──スティール弁護団に聞く」日経金融新聞2007年8月23日によると、「今回はあくまで特殊な事例であり最高裁はなるべく一般論にならないような書き方になっている」（吉田啓昌弁護士）。
(3)　東京地決平成19年6月28日金融・商事判例1270号12頁。
(4)　東京高決平成19年7月9日金融・商事判例1271号17頁。

ソース（以下、「ブルドック」）に対して、新株予約権無償割当て等を仮に差し止めることを求めた事例である(5)。

近年の敵対的買収を巡る法廷闘争におけるのと同様に、本件でも、事実関係に争いの重点はなく、法律論が徹底的に争われた。当事者は、高度な法的判断に基づいて、事実関係の構築に努めてきた。戦略的な事実の積み重ねもあって、ブルドックが勝つことは決まっていたとも評されている(6)。

(2) 公開買付をめぐる攻防

SPは、関係法人とあわせて、ブルドックの発行済株式総数の10.25％を有していたところ、持分の全てを有するスティール・パートナーズ・ジャパン・ストラテジック・ファンド—エル・ピー・ヴィーⅡ・エル・エル・シー（以下、「SPⅡ」）を設立し、平成19年5月18日に、ブルドック株式に対する公開買付届出書を提出した。当初の公開買付期間は、同日から6月28日まで、買付価格は、1株1,584円とされていた。公開買付価格は、公開買付開始前の複数の期間における平均市場価格にSPが適切と考える約12.82％から約18.56％のプレミアムを付したものである。

これに対して、ブルドックは、5月25日、SPⅡの公開買付に対する意見を留保するとの意見表明をした上で、SPⅡに対して、79項目に及ぶ質問を行った。

SPⅡは、6月1日に、対質問回答報告書を提出したが、SPは、会社経営の実績はなく（質問事項第1の6の(2)関係）、ブルドックに対する支援等についても、具体的な明示がなく（同第1の6の(5)関係）、同社の事業に関する質問に

---

(5) 一連の決定に関する分析は、鳥山恭一「買収防衛策である差別的行使条件付新株予約権無償割当て」法学セミナー633号116頁（2007年）、三苫裕「ブルドックソース事件地裁決定」ビジネス法務2007年9月号（2007年）、田中信隆「買収防衛実務におけるブルドック事件決定の論点」ビジネス法務2007年10月号27頁（2007年）、森本滋ほか「会社法への実務対応に伴う問題点の検討〔座談会〕」商事法務1807号26-34頁（2007年）、田中亘「ブルドックソース事件決定がもたらした問題」日本エネルギー法研究所月報187号1頁（2007年）、上村達男＝金児昭『株式会社はどこへ行くのか』206-221頁、361-362頁（日本経済新聞出版社、2007年）、中東正文「株主は他の株主を選ぶことができるのか」金融・商事判例1270号1頁（2007年）〔⇒本書第Ⅰ部第7章〕など。

(6) 田中信隆・前掲注(5) 27頁。

ついても、「現在のところ対象者の日常的な業務の経営を行うことを意図しておりません。したがって、この質問に回答する必要はないと考えます。この質問は、我々よりも対象者経営陣が答えるのがより適切な質問だと思います」として、ほとんどの回答を留保した（同第7の(1)ないし(8)関係）。

対質問回答報告書の提出を受け[7]、ブルドックは、その内容をも含めて、法律顧問の西村ときわ法律事務所（現、西村あさひ法律事務所）と財務アドバイザーの野村證券と評価・検討を行い、6月7日、① 公開買付が成功すれば、企業価値ひいては株主共同の利益が毀損されること、また、② 1株1,584円という公開買付価格は、同社の企業価値を適正に反映しておらず、不十分であることなどを理由として、SPⅡの公開買付に取締役会として反対する旨の意見を表明した。同時に、6月24日に開催予定の定時株主総会において、買収防衛策の導入と発動の承認を求めることを明らかにした。

ブルドックの反対意見を受けて、SPは、6月13日に、本件新株予約権無償割当ての差止めなどを求める仮処分命令の申立てをした。また、SPⅡも、6月15日には、買付価格が1株1,700円に引き上げ、買付期間を8月10日まで延長した。同日中に、ブルドックは、公開買付に反対する立場を維持することを決定した。

(3) 株主総会における買収防衛策の導入と発動

ブルドックが株主総会に付議したのは、① 取得条項付新株予約権無償割当てに関する事項の決定を、株主総会の決議事項とする定款変更議案と、② これが可決されることを条件として、新株予約権無償割当てを行うことを内容とする議案である。両議案は、6月24日の定時株主総会において、いずれも出席した株主の議決権の約88.7％、議決権総数の約83.4％の賛成により可決された。

決議に先立って、6月15日には、ISSは、「公開買付けに応じるか否かの選択肢を株主から奪うことが株主を利することにならないと判断し、本議案を支持しない」として、買収防衛策導入に関する議案に反対するよう、株主

---

(7) ブルドックは、6月1日、未回答の質問事項について、秘密保持契約案文を添えて、再回答を求めたが、6月6日付けで受領した書簡では、機密情報であることなどを理由として、1項目を除き、回答を受けていない。

第7章　ブルドックソース事件を巡る法的戦略と司法審査

に推奨すると発表していた(8)。

(4) 裁判所での争い

定時株主総会の後、6月28日、東京地裁は、本件仮処分命令の申立てを却下する決定をした。SP は抗告したが、7月9日、東京高裁も、抗告を棄却した。SP は更に許可抗告と特別抗告を行い、前者について東京高裁が7月27日に抗告を許可したものの、最高裁は、8月7日、いずれの抗告も棄却した。これによって、新株予約権無償割当ての差止め仮処分が認められないことが確定した。

(5) 防衛策の発動と公開買付終了

SPⅡは、8月9日、本件新株予約権無償割当てに対応して、公開買付価格を425円（＝1,700÷4）に変更するなどした。公開買付は続行されることになった。公開買付終了前に、新株予約権無償割当てと取得条項の行使がなされたから、SP 側の持株比率は約3.52％に低下した、最終的に SPⅡが買い付けることができたのは、発行済株式総数の約1.89％に過ぎず、SP 側は約5.41％に持株比率が下がった。

もっとも、本件新株予約権は、取得条項に仕掛けが施されており、SP 関係者には株式の代わりに、新株予約権1個につき396円（＝1,584÷4）の現金が交付される設計になっていた(9)。これが実行され、SP には21億円の現金が入り、株式取得資金の18億円を回収した上、手元にブルドック株を有することになった(10)。

ブルドックは、さらに、8月30日、取締役会決議によって、次の定時総会での不承認を解除条件として、事前警告型買収防衛策を導入することを公表した。この防衛策を導入する必要性と正当性を説明するにあたっては、本件の一連の経緯と最高裁決定の内容が活用されている(11)。

---

(8) SP「議決権行使アドバイザー ISS、ブルドックソース株式会社の買収防衛策に反対するよう株主に推奨」(2007年6月15日)。

(9) 396円は、SPⅡの当初の公開買付価格である1,584円を、新株予約権3個（1個につき1株の予約）を無償割当てすることよって希釈化された後の理論値である。

(10) 朝日新聞2007年8月8日ほか。

(11) ブルドック「当社の株券等の大規模買付行為に関する対応方針（買収防衛策）に

第Ⅱ部　法理の具体的な実践

3　論争点の検討と当事者の戦略

(1)　3つの決定の判断枠組みと論争点

　本件に関する東京地裁、東京高裁および最高裁の3つの決定は、結論において、差止仮処分を認める点で同様である。

　また、結論に至るまでの判断の枠組みも、おおよそ共有されている。すなわち、① 本件新株予約権無償割当ての差止仮処分のための被保全権利として、会社法247条の類推適用を認めている。その上で、② 同条の定める法令違反の有無、具体的には、株主平等原則の趣旨に反するか否か、あるいは、③ 著しく不公正な方法によるものといえるか否か、が論じられた。これらの判断においては、本件防衛策の必要性と相当性が検討された。

　もっとも、② 株主平等原則に違反しないこと、および、③ 不公正発行にあたらないことについて、3つの決定は、その論拠が分かれている。とりわけ、東京地裁決定と東京高裁決定の理由付けは、相当に異なっており、この点も重視されて、「法令の解釈に重要な事項を含む」として（民事訴訟法337条2項）、許可抗告が認められたものと思われる。

(2)　被保全権利

　東京地裁と東京高裁は、新株予約権無償割当ての差止仮処分命令について、被保全権利として、会社法247条の類推適用を肯定している。

　SPが仮処分命令の申立てを行った際には、被保全権利として、① 新株予約権発行の差止め（会社法247条類推適用）のほかに、② 株主総会決議の差止め、③ ブルドック取締役に対する違法行為の差止め（会社法360条）をも、主張していた。もっとも、間もなく、①以外の仮処分命令申立ては取り下げられ、裁判では、専ら、①について会社法247条類推適用が認められるべき事例か否かが争われた。この点は、本件のみならず、今後の裁判においても、実務上、重要な先例となろう[12]。

　　について」5-6頁（2007年8月30日）。
(12) 株主による取締役の違法行為差止請求権（③）を被保全権利とすると、監査役設置会社または委員会設置会社の株主は、当該取締役の行為によって、会社に回復することができない損害が生じることを疎明しなければならなくなる。募集新株予約権差

第 7 章　ブルドックソース事件を巡る法的戦略と司法審査

　東京地裁は、会社法247条が、募集新株予約権発行に関する差止めを規定したものであることから、同条を直接適用することができないとする。その上で、同条の趣旨と、新株予約権無償割当てについて、差止請求権が明定されなかった理由が、持株比率や株式の総体的な経済的価値に変更がなく、通常は株主が不利益を受けるおそれを想定できなかったことにあるとして、差別的行使条件付新株予約権の無償割当てのように、既存株主の地位に実質的な変動を及ぼす場合には、会社法247条が類推適用されると判示した。東京高裁は、東京地裁決定の理由をそのまま引用して、同条の類推適用を肯定した。

　以上の解釈は、結論においても、理由付けにおいても、妥当であると考えられる[13]。今後の実務においても、差別的行使条件付新株予約権を用いた買収防衛策は、会社法247条の類推適用の可否をめぐって、被保全権利が争われることになろう。

　本件裁判における双方の戦略という観点からみると、SPとしては、もし他の申立て事由の取下げが東京地裁の指揮に応じたものであれば、上級審の法解釈に不安定要素は残るものの、会社法247条類推適用の要件事実の疎明をすれば必要十分であると考えることができ、迅速な決定を得るためにも、賢明であったろう。

　他方で、ブルドックも、会社法247条の類推適用を否定すべきであると強く争った様子は窺われない。これまでの買収防衛策の司法審査においては、法律論が激しく戦わされてきたことからすると、不思議な感じもしよう。もっとも、買収防衛策が適法であるためには、当該防衛策が、適時に差し止められる設計になっていることが必要である。およそ裁判で発動を止めるこ

　　止請求権では、当該株主が不利益を受けるおそれがあることを疎明するよりも、一般的には困難である。もっとも、保全の必要性が厳格に解釈されるなら（例えば、楽天対TBSの会計帳簿等閲覧謄写仮処分命令申立事件に関する東京地決平成19年6月15日金融・商事判例1270号40頁は、「債務者に不測の損害を生じさせるおそれがあることは否定できない」として、申立てを却下している）、実務的には大きな違いは生じないのかもしれない。

(13) 大杉謙一「株式の大量取得行為に対する法的規制のあり方」黒沼悦郎＝藤田友敬編『企業法の理論〔下〕』（江頭憲治郎先生還暦記念）34頁（商事法務、2007年）。弥永真生「株式の無償割当て・新株予約権無償割当て・株式分割と差止め」商事法務1751号5頁、8頁（2005年）参照。

第Ⅱ部　法理の具体的な実践

とができない防衛策は認められるべきではない。ブルドックが、同条の類推適用を否定する戦略をとらなかったことは、適切であった[14]。

最高裁も、決定時には既に差止めの対象となった無償割当てが終了していたが、会社法247条の類推適用が認められることを前提に、実質的な判断を示しているのであろう。

なお、最高裁決定で、必ずしも明確でないのは、新株予約権が発行された後に、その新株予約権の行使に基づく新株発行の差止めを、会社法210条の類推適用によって行うことができるかである。この点は、SPも最高裁での審理で意識しており、本件新株予約権無償割当ての効力発生日が過ぎていることを受けて、被保全権利として、①新株発行ないし自己株式処分の差止めについて会社法210条の類推適用と、②本件新株予約権の発行無効の訴えに関する会社法828条1項4号とを、主張している[15]。信託型ライツ・プランの発動時においても、同様の問題がある。最高裁が、これらの新株発行等の差止めを認めないのであれば、本件で抗告を棄却しなかった場合に、どのような法律関係になるのか明らかでない。最高裁決定は、新株予約権の行使に関する新株等の発行についても、会社法210条の類推適用を認めるとの前提に立つと理解するのが素直であろう[16]。

(3)　株主平等原則

1　理論構成

東京地裁から最高裁まで、本件新株予約権無償割当ては、株主平等原則（会社法109条1項）の趣旨に反するものではなく、会社法247条にいう法令違反はないとするが、理論構成は異なる。

最高裁は、「新株予約権無償割当てが新株予約権者の差別的な取扱いを内

---

[14] 買収防衛策としての株式分割につき、東京地裁は、平成17年改正前商法280条ノ10の類推適用を否定している（東京地決平成17年7月29日金融・商事判例1222号4頁）。この事件の評釈において、時間稼ぎの効果しかなくても、類推適用すべきとする見解として、田中亘「夢真ホールディングス対日本技術開発事件──買収防衛策としての株式分割の適法性」野村修也＝中東正文編『M&A判例の分析と展開』116頁（経済法令研究会、2007年）。

[15] 平成19年7月24日付け許可抗告申立て理由書。

[16] 類推適用を認める見解として、大杉・前掲注(13) 34頁。

第7章　ブルドックソース事件を巡る法的戦略と司法審査

容とするものであっても、これは株式の内容等に直接関係するものではないから、直ちに株主平等の原則に反するということはできない」とする。しかし、「株主は、株主としての資格に基づいて新株予約権の割当てを受けるところ、〔会社〕法278条2項は、株主に割り当てる新株予約権の内容及び数又はその算定方法についての定めは、株主の有する株式の数に応じて新株予約権を割り当てることを内容とするものでなければならないと規定するなど、株主に割り当てる新株予約権の内容が同一であることを前提としているものと解されるのであって、〔同〕法109条1項に定める株主平等の原則の趣旨は、新株予約権無償割当ての場合についても及ぶというべきである」として、差別的行使条件が株主平等原則の問題になると判示している。この理論構成は、東京地裁決定をほぼ受け入れたものであろう。

他方で、東京高裁は、株主を保有株式の内容と数に応じて扱うのが原則であるとしつつ、例外的に「差別的な取扱いに合理的な理由があれば、それは株主平等原則ないしその趣旨に違反するものではない」との理論枠組みを提示しているようである。その上で、濫用的買収者であるSPに対して（必要性）、過度ないし不合理に経済的損害を与えないように配慮もされているから（相当性）、差別的な取扱いも合理的なものといえ、株主平等原則に反しないとする。東京高裁決定は、SPを濫用的買収者と認定したことに特徴があり、この事実認定が出発点になっている。

濫用的買収者との認定については、強烈な批判がある[17]。確かに、投資ファンドの性格から直ちに濫用的買収者と認定されるとするなら、疑問なしとしない。もっとも、本件では、対質問回答報告書において、支配獲得を果たした後の経営の展望について何ら示されておらず、また、SPの経歴等についても詳細に認定されている。このような買収者に支配を委ねることは、株主としては是認できるところではなかろう。また、最高裁は判断を示していないが、SPの公開買付には相当の強圧性があり、株主の応募に関する選択を歪める可能性がある[18]。正確には、買収者の属性や経歴などを踏まえ

(17) 例えば、田中亘・前掲注(5) 2-4頁。
(18) 上村＝金児・前掲注(5) 210-211頁〔上村〕参照。公開買付届出書では、① 上場を維持できない可能性を示唆しながらも、② 発行済株式総数の3分の2以上の取得に成功しても、応募されなかった株式の処遇について明言せず、さらに、③ ブル

て、濫用的買収か否かが審査されるべきである。

なお、濫用的買収者と認定されたことが、大きくとりざたされたために、許可抗告が認められたかもしれず、最高裁の判断が示される好機になったともいえる。

2　最高裁の審査基準

最高裁が、株主平等の原則の趣旨に反するか否かの判断基準を示して、本件買収防衛策の評価を行ったことは、先例として意義深い。

何より、最高裁は、経済産業者と法務省の「企業価値・株主共同の利益の確保又は向上のための買収防衛策に関する指針」（平成17年5月27日）で示された基準を満たしていても、当然に司法審査において適法性が認められるものでないことを明らかにした。

買収防衛指針は、「新株予約権を行使する権利は、株主としての権利ではないから、新株予約権の行使の条件として、買収者以外の株主であることという条件を付すことは、株主平等の原則に違反するものではない」（Ⅳの3（注4）②）と割り切っていた。このような幻想を信じている専門家は少なかったと思われ、実際に、本件のブルドック側の弁護士等も、買収防衛指針に全面的に依存した活動をしておらず、見識の高さを示した。買収防衛指針は、十分条件ではなくて、必要条件を示したに留まると理解すべきである。

具体的には、最高裁は、一般的な審査基準として、次のように説示する。すなわち、「株主平等の原則は、個々の株主の利益を保護するため、会社に対し、株主をその有する株式の内容及び数に応じて平等に取り扱うことを義務付けるものであるが、個々の株主の利益は、一般的には、会社の存立、発展なしには考えられないものであるから、特定の株主による経営支配権の取得に伴い、会社の存立、発展が阻害されるおそれが生ずるなど、会社の企業価値がき損され、会社の利益ひいては株主の共同の利益が害されることになるような場合には、その防止のために当該株主を差別的に取り扱ったとしても、当該取扱いが衡平の理念に反し、相当性を欠くものでない限り、これを

ドックを完全子会社化する場合にも、残余株主に支払われる対価が、公開買付価格と異なる可能性があるとする。もっとも、株主の応募が面倒になる地場証券会社を公開買付代理人に選んでおり、この点との一貫性を考えると、どのような戦略をSPが有していたのかは、明らかではない。

直ちに同原則の趣旨に反するものということはできない。そして、特定の株主による経営支配権の取得に伴い、会社の企業価値がき損され、会社の利益ひいては株主の共同の利益が害されることになるか否かについては、最終的には、会社の利益の帰属主体である株主自身により判断されるべきものであるところ、株主総会の手続が適正を欠くものであったとか、判断の前提とされた事実が実際には存在しなかったり、虚偽であったなど、判断の正当性を失わせるような重大な瑕疵が存在しない限り、当該判断が尊重されるべきである」。

　この判示は、① 差別的な取扱いを含む防衛策の必要性について審査し、② この必要性との関係で、具体的な防衛策の相当性を審査しようとするものであると理解される。平等原則も、不利益を受ける株主の同意があれば許容されるし、根拠である正義衡平の理念に反しない合理的なものもまた、許容されるべきである(19)。

3　株主総会決議と必要性

　相当性の判断について、最高裁は、株主ないし株主総会の判断を尊重するとしており、本件でも、「議決権総数の約83.4％の賛成を得て可決されたのであるから、抗告人〔SP〕関係者以外のほとんどの既存株主が、抗告人による経営支配権の取得が相手方〔ブルドック〕の企業価値をき損し、相手方の利益ひいては株主の共同の利益を害することになると判断した」と評価した。

　問題は、株主総会の判断が当然に司法審査でも尊重されるかである(20)。この点については、東京地裁とは、やや姿勢を異にしているのかもしれない。最高裁は、先の判示に続けて、「本件総会の手続に適正を欠く点があったと

---

(19)　鳥山・前掲注(5) 116頁。なお、江頭憲治郎『株式会社法』125-127頁（有斐閣、2006年）参照。

(20)　この点は、紙幅の関係もあり、稿を改めて、詳細に論じたい。大杉謙一「新会社法とM&A」自由と正義58巻7号39頁（2007年）は、有事に防衛策の発動の承認を株主総会で得ても、司法審査は及ばなくなるという強い効果は生じないと主張する。同様に、株主総会の承認に重きを置かない見解が、森本ほか・前掲注(5) 26-34頁（2007年）〔森本発言、岩原紳作発言など〕において示されている。他方で、株主総会の判断を重視する見解もある（香田温子＝鈴木賢一郎＝渡辺奈津子「株主総会判断型の買収防衛策」商事法務1752号33頁（2005年））。

第Ⅱ部　法理の具体的な実践

はいえず、また、上記判断は、抗告人関係者において、発行済株式のすべてを取得することを目的としているにもかかわらず、相手方の経営を行う予定はないとして経営支配権取得後の経営方針を明示せず、投下資本の回収方針についても明らかにしなかったことなどによるものであることがうかがわれるのであるから、当該判断に、その正当性を失わせるような重大な瑕疵は認められない」という説示をしている。

　東京地裁では、割当自由の原則（会社法201条、240条1項参照）を引き合いに出しつつ、既存株主の持株比率の維持の要請よりも、経済的価値の平等の要請に重きが置かれているとして、経済的な不利益をSPに与えるものかという相当性の問題に、争点を還元しようとしているようである。さらに、合併等対価の柔軟化においても、「株主総会の特別決議によって……、少数株主の株主としての地位を強制的に失わせることを許容している」と判示して、経済的利益の平等の確保のみを探求している。

　東京地裁が、合併等対価の柔軟化によって、多数株主による少数株主の締め出しを当然に認めるかのように判示しているのは、大いに疑問である[21]。とはいえ、差別的行使条件付新株予約権を用いた買収防衛策において、株主総会が発動を決定する設計となっていれば、多数決による少数株主の締め出しという構図が成立することを、端的に語っている点では、評価に値しよう。とすれば、最高裁が判示するように、締め出されるSPの側に、排除されてもやむを得ない事情があることを認定した上で、買収防衛策の発動の必要性を審査するのが適切であるといえる。

　この点、経済的損害との関係で、新株等の有利発行規制と同じ次元で理解しようとする見解もあるが[22]、敵対的買収者が多数決で排除される場面においては、妥当するものではない。買収者以外の株主は、特別利害関係を有するというべきであり、そのような株主によって承認された株主総会は決議取消事由となる瑕疵を有している（会社法831条1項3号）[23]。株主平等原則と

---

(21) 例えば、江頭・前掲注(19) 750頁注(3) も、「制度の濫用から消滅会社の少数派株主を保護する法理等……が必要である点は否定できない」とする（同786頁注(1)参照）。
(22) 例えば、日本経済新聞2007年5月8日（葉玉匡美弁護士インタビュー）、日経産業新聞2007年6月25日（服部暢達教授コメント）。
(23) 清水俊彦「不都合な真実」金融・商事判例1268号3頁（2007頁）参照。

の関係では、不利益を受ける株主の同意がある場合にのみ、例外的に区別が認められるという理念に鑑みると、また、伝統的に、同原則が多数決の限界として固有権の典型例と考えられてきたことを重視するのであれば[24]、不利益を受けると主張する SP 以外の株主が同意したところで、例外的な取扱いを認めるには足りない。

　最高裁は、無条件に株主総会の判断を尊重するという姿勢を示したものではないと考えられる。むしろ、その判断の合理性をも司法審査に服させることにしつつ、既存株主の大多数が、瑕疵のない手続を経て、十分な情報が与えられた状況で行った判断については、これを尊重する余地を認めたものであろう。本件では、SP が経営方針や投下資本の回収方針を示さないと明言しており、株主には十分な判断材料が与えられていたと考えることもできる。SP としては、金融商品取引法で求められた開示を形式的には行っているが、支配争奪の場面において会社法が求める実質的な開示を果たしていなかったと評価されよう。

　なお、以上のような理解については、最高裁が、「最終的には、会社の利益の帰属主体である株主自身により判断されるべきものである」と一般的に説示していることと、相容れないのではないかとの疑問も残ろう。

　しかしながら、もし文言を形式的に読むべきであるのなら、行き過ぎた権限分配論である。この点、「『防衛する（企業買収を退ける）という判断は』、『取締役を選ぶ』という判断（その内容の当否には司法審査は及ばない）に近いとは必ずしもいえず、むしろ『株主による株式の売買に干渉する』という判断に近いと考えられる」とする見解がある[25]。さらに、「およそ株主総会の特別決議があるなら一切が正当化されるのであれば、裁判所の存在理由はないことになる」と述べつつ、「最高裁は……一般論として買収側の属性を問題にして、それとの相関関係において買収防衛策の評価を行うとの東京高裁の見解を肯定しているようにも読める」とする見解もある[26]。

　そもそも、株主総会は、取締役を選ぶ権限を有するが、他の株主が誰であるのかを選ぶ権限を、当然に有している訳ではない[27]。また、「企業価値の

---

(24)　上村＝金児・前掲注（5）215頁〔上村〕参照。
(25)　大杉・前掲注(20) 40頁注(28)。
(26)　上村＝金児・前掲注（5）361-362頁〔上村〕。

維持・向上の義務を負う取締役により構成される取締役会と異なり、個々の株主は企業価値や株主共同の利益の維持・向上の義務を負っているわけではなく、みずからの利害にしたがって（あるいは極端な場合、好きか嫌いかによって）行動する」との指摘もある[28]。そうであるならば、「本件無償割当ては株主平等原則に反しており、本件は本来は公開買付の制度において……支配権の帰趨は決せられるべき事案であった」[29]との評価も妥当しよう。

株主総会の承認を過大視すべきではないとはいえ、ブルドックにとっては、公開買付期間の終了前に、定時株主総会が予定されており、実際にも、防衛策の承認が圧倒的な多数で得られたことは幸いであった。株主の賛成を取り付けるにあたっても、有事に株式の持ち合いを進めたのであれば批判されるべきであるが、そうではなくて、株主に十分に説明をすることを通して、現経営陣が支持を得たのであれば、適切な戦略が実践されたことの証左であろう。他方で、安定株主がいて防衛が必要でない会社は、防衛策の発動が認められ、逆に、安定株主がおらず敵対的買収の対象となりやすい会社は、防衛策の発動が認められにくくなり、実務の要望に反するねじれた状態が生じてしまう[30]。

もちろん、株主は、現経営陣のもとで、企業価値が維持ないし向上されることを信じたからこそ、買収防衛策を支持したのである。株主総会で競われるべきであるのは、買収者による「現経営陣では達成できないであろう株価での取得の申し入れである」ことの訴えと、現経営陣による買収提案に対抗するだけの「骨のあるプラン」とである[31]。本件では、いずれも十分に試みられたとは評価できないと思われる。となると、現状を維持する側が有利に扱われるのも、自然なことであろう。

4　買収者の不利益回避と相当性

最高裁は、ブルドックの株主総会が是認していることに加えて、「抗告人関係者は、……〔行使できない新株予約権〕の対価として金員の交付を受け

---

(27) 中東・前掲注（5）1頁。
(28) 三苫・前掲注（5）12頁。
(29) 鳥山・前掲注（5）116頁。
(30) 三苫・前掲注（5）12頁。
(31) 香田ほか・前掲注(20) 42頁。

ることができ……るところ、上記対価は、抗告人関係者が自ら決定した本件公開買付けの買付価格に基づき算定されたもので、本件新株予約権の価値に見合うものということができる」として、相当性を認めている[32]。

　ブルドックが、SPに損害を与えないように努めたことは、本件において、優れた戦略であったろう。最高裁も、「〔SPが〕濫用的買収者に当たるといえるか否かにかかわらず、……株主平等の原則の趣旨に反するものではな」いと説示しており、相当性が認められやすい設計であったために、必要性を緩やかに判断することができた。

　最高裁は、SPに支払われる額が公開買付価格に基づいて算定されていることを重視しているが、この点にも、本件の特殊性とブルドック側の戦略の妙を見て取ることができる。

　すなわち、事案の特殊性に関しては、敵対的買収者が公開買付を実施していたという事情があった。事前警告型買収防衛策では、発動事由となる持株比率が20％と定められることが多く、この程度の取得であれば公開買付を義務付けられることがない。例えば、実質支配を伴わないまま、対象会社を持分法適用会社にするために、21％の株式を取得しようとする場合に、買収者が適正と考える価格を公表しなければ、「新株予約権の価値に見合うもの」との判断は得られにくい。最高裁も、公開買付価格が市場価格に一定のプレミアムを付したものであることを認定しており、市場価格が補償されれば十分であるとは考えていないと理解するのが素直であろう。

　ブルドックの戦術に関しては、SPⅡが公開買付価格を上方修正した折に、最初に示された公開買付価格に基づく買取価格を維持したことが、的確であったと評される。途中で公開買付価格を上げたとしても、当初の買付価格であれば、買収者に損害を与えないとの法的評価を受けるには、この価格で十分である。他方で、取得価格を上方修正しなかったことにより、会社からの現金の流出を抑え、既存株主の損失を最小限にすることができた。

　もっとも、「ブルドックは、スティールに対して21億円払って新株予約権を買い取り、財務アドバイザーや弁護士に7億円支払うことになった。これは買収防衛策なのだろうか」との批判もある[33]。しかし、SPが濫用的買収

(32) 買収防衛指針のⅣの3（注5）②を参照。
(33) 「複眼・独眼　買収防衛策の不可解」日経金融新聞2007年8月24日。

第Ⅱ部　法理の具体的な実践

者であると疎明することができると確信できないのであれば、最高裁の論理に照らしても、企業価値の毀損を避けるために、やむを得ない支出であろう。他方で、SP に損害を被らせる買収防衛策の発動を決定していれば、新株予約権無償割当ての権利落ち日までに、公開買付の撤回に追い込み、そうすれば、防衛策は発動せずに済んだ可能性もある。

　ブルドックは、上方修正された公開買付価格も不十分であるとして、公開買付に反対表明をしている。とすると、ブルドックの経営陣は、今後、これ以上の企業価値があることを市場に示していくことが求められる。現実的な問題としても、SP に対して「言い値」を支払っている訳であり、SP からみれば、軍資金を得たことになる[34]。これが、8月30日に開示された事前警告型買収防衛策の導入につながったのかもしれない。この防衛策は、次の定時総会での承認を継続の条件としているが、どれだけの株主が賛成するかは定かではない。最高裁も、どれだけの株主の賛成があれば、今回と同様に株主総会の判断を尊重するのかを、明らかにしていない。

　なお、相当性の判断についても、最高裁は、株主総会が是認していることに言及しているが、この点は、SP に与える不利益の相当性に関する判示というよりは、「〔ブルドックが〕多額の金員を交付することになり、それ自体、相手方の企業価値をき損し、株主の共同の利益を害するおそれのあるものということもできないわけではないが、……抗告人関係者以外のほとんどの既存株主は、抗告人による経営支配権の取得に伴う相手方の企業価値のき損を防ぐためには、上記金員の交付もやむを得ないと判断したものといえ、この判断も尊重されるべきである」との判断の根拠となるべきものであろう。有利発行規制の考え方と同様であるが、株主平等原則の趣旨からは、買収者以外の株主には、株式と現金の選択権を与えるのが望ましい[35]。

(4) 不公正発行

　より障害の高い株主平等原則の趣旨に照らして、必要性と許容性が認められるのであれば、不公正発行でもないと判断されるのが素直である。

　実際、最高裁は、不公正発行でないことについて、多くを語っておらず、

---

[34] 三苫・前掲注（5）14頁。
[35] 日本経済新聞2007年6月25日（古田啓昌弁護士）。

「株主平等の原則から見て著しく不公正な方法によるものといえないことは、これまで説示したことから明らかである」とし、これに加えて、「本件のような対応策を援用することをあらかじめ定めていなかった点や当該対応策を援用した目的の点から見ても、これを著しく不公正な方法によるものということはできない」としている。

　この点は、東京地裁の判断枠組みと異なる点であろう。東京地裁は、株主平等原則の趣旨との関係では、経済的不利益を被らせないことを重視しており、持株比率の低下については、支配争奪の文脈で、不公正発行との関係で問題にするようである。

　他方で、最高裁も、必要性と相当性の相関関係を個別的に判断していると考えられる。とすると、買収防衛策の発動には、株主総会の承認が当然に必要であり、しかも、買収者に経済的損害を与えてはならないものであると判示したものと理解されるべきではない(36)。必要性が高ければ、買収者に損害を与える強力な防衛策によって、排除することも認められる。

　また、株主総会の承認があれば、買収防衛策の必要性に関する司法審査で、必ず株主総会の意思が尊重されるのか否かは、今後の課題である。最高裁も、「議決権総数の約83.4％の賛成を得て可決されたのであるから」と説示しており、どのような状況で開催された株主総会において、どれだけの株主の賛成があれば、防衛策の発動が許されるのかを、明確にはしていない。例えば、有事に際して、安定株主工作を進めた上で、買収防衛策の承認を株主総会に求めても、その賛成は、防衛策の必要性や相当性を高めることには資さないと考えられる。

4　結　語

　事件の一連の経緯、とりわけ最高裁決定から、今後の実務においては、いかなる示唆を得ることができるか。また、法理論としての課題は何であるのか。各所でも触れてきたが、ややまとまった形で述べておきたい。

　第一に、最高裁によって、有事において導入・発動する防衛策が適法であることが明確に示された。平時に防衛策を導入しておく必要はない。もっと

---

(36) 以上につき、上村＝金児・前掲注（5）362頁参照。

も、公開買付の届出から、30営業日以内に、株主総会を開催できればよいが、困難な場合も少なくないのではないか。また、大量買付者が、公開買付によらずに、市場買付を選択した場合には、どのように対応すべきか。株主総会に付議できなければ、必要性と相当性の判断について、最高裁の論理に依拠することができない。

第二に、むしろ、最高裁は、平時導入型買収防衛策を推進する方向で、実務に影響を与えるのかもしれない。最高裁決定は、「関係者の予見可能性を高める」と述べており、傍論ではあるが、重要な点である。株主総会の判断を重視するのなら、一般的な事前警告型買収防衛策によって、時間と情報を株主に与えるのが適切であろう。株主総会の判断を重視しない立場でも[37]、個々の株主に時間と情報を確保することは重要であるから、金融商品取引法が予定している時間と情報で十分であるのか、再検討が必要である。適切な時間と情報は、個々の会社の努力を待たずに、法規制によって提供されるべきである[38]。

第三に、敵対的買収者に損害を与えないための対価の支払いが、利益供与にあたらないかについて議論がある[39]。最高裁は、少なくとも本件では、SPへの金員の支払いを認めているのであるから、この限りにおいて、利益供与にはあたらないとの前提に立つのであろう。他方で、例えば、経営陣が独断で多額の金員を支払って退散させたとすれば、利益供与と判断される可能性が残る。取得条項によって買収者に金員を支払うことは、実質的には、選択的な自己株式取得であり、とすれば、機会平等の見地から、買収者以外の株主には、取得条項を行使して新株予約権の対価を交付する際に、株式か現金かの選択権を与えれば（会社法160条3項参照）、筋が通りやすい。防衛策の実効性が減殺される危惧もあろうが、現金を選ぶ株主が多いのであれば、防衛策が適切でないことの表れであるともいえる。

第四に、地裁決定から最高裁決定まで通して窺われるのは、防衛策の必要性と相当性は、相関関係にあるという理解である。妥当であると考えられる。

---

(37) 新株予約権無償割当てによる場合と異なり、第三者割当による場合には、株主総会の判断が重視されてよい事案が多かろう。
(38) 上村＝金児・前掲注（5）203頁〔上村〕参照。
(39) 三苫・前掲注（5）12-13頁参照。

第7章　ブルドックソース事件を巡る法的戦略と司法審査

となると、個別事例ごとに防衛策の適否を考えていかざるを得ない。現在は、各社に特別委員会を設ける事前警告型買収策が一般的であるが、「一箇所に比較的権威ある人たちを集めて、そこに判定を一括集中すれば、ルールも統一するし、おカネも効率的に使える……。それがイギリスのパネル」という見解が示されている[40]。特別委員会の委員の独立性について疑義がある場合も少なくないかもしれず、この点からも、一括集中型の委員会の具体化を、法制度の整備を待たずに、実務で実現する努力をすべきである。

　以上のように、最高裁の決定を得ても、残された課題は少なくないが、本件を通じて、実務と理論の両面にわたって、問題の所在が明確にされた点も多い。実践可能な理論に基づき、理論的な実務が展開されることを期待したい。

---

[40] 上村＝金児・前掲注（5）203頁〔上村〕。

第Ⅱ部　法理の具体的な実践

第8章　ブルドックソース事件と株主総会の判断の尊重

1　問題の所在

　最高裁は、ブルドックソース事件に関して、平成19年8月7日、敵対的企業買収に対する防衛策の適法性について判断を示した(1)。
　有事導入型の防衛策であること、全部買付けを予定した公開買付けに対抗して発動されたものであること、敵対的買収者に経済的損害を与えにくい構造の防衛策であったことなど、本件には特殊な事情が多く存在している。とりわけ、本件では、公開買付期間に定時株主総会の開催が予定されており、しかも防衛策の発動が議決権総数の約83.4％もの賛成を得て可決されていた(2)。本章では、東京地裁(3)、東京高裁(4)及び最高裁の各決定を分析しつつ、買収防衛策についての株主総会の判断の意義について検討したい。

2　事件の概要

　本件は、スティール・パートナーズ・ジャパン・ストラテジック・ファンド（オフショア）・エル・ピー（以下、「SP」という）が、東証二部上場のブルドックソース（以下、「ブルドック」という）を相手に、新株予約権無償割当て等の差止仮処分命令を求めた事例である(5)。

（1）最二小決平成19年8月7日金判1273号2頁。
（2）例えば、佐久間総一郎ほか「〔パネルディスカッション〕金融商品取引法全面施行：M&Aルールの現状と課題を探る」（2007年9月12日開催）の「セッション3・敵対TOB開始、対抗策発動へ」〈http://www.nikkei.co.jp/hensei/comp07/〉〔藤縄憲一発言〕などを参照。
（3）東京地決平成19年6月28日金判1270号12頁。
（4）東京高決平成19年7月9日金判1271号17頁。
（5）ブルドック事件に関する分析は、鳥山恭一「買収防衛策である差別的行使条件付新株予約権無償割当て」法セ633号（2007年）116頁、鳥山恭一「差別的行使条件付新株予約権無償割当てと株主平等の原則」金判1274号（2007年）2頁、三苫裕「〔イン

第8章　ブルドックソース事件と株主総会の判断の尊重

　SP は、関係法人と合わせて、ブルドックの発行済株式総数の10.25％を有していたところ、持分のすべてを有するスティール・パートナーズ・ジャパン・ストラテジック・ファンド－エル・ピー・ヴィーⅡ・エル・エル・シー（以下、「SPⅡ」という）を設立し、平成19年５月18日に、ブルドック株式に対する公開買付届出書を提出した。公開買付期間は、同日から６月28日まで、買付価格は、１株1,584円とされていた。公開買付価格は、公開買付開始前の複数の期間における平均市場価格に SP が適切と考える約12.82％から約18.56％のプレミアムを付したものである。

　これに対して、ブルドックは、５月25日、SPⅡの公開買付けに対する意見を留保するとの意見表明をした上で、SPⅡに対して、79項目に及ぶ質問を行った。SPⅡは、６月１日に、対質問回答報告書を提出したが、SP は、ブルドックの経営を行う予定はないとして、経営支配権取得後の経営方針を明示せず、投下資本の回収方法についても明らかにしなかった。

　ブルドックは、６月７日、①公開買付けが成功すれば、企業価値ひいては株主共同の利益が毀損されること、また、②1,584円という公開買付価格は、同社の企業価値を適正に反映しておらず、不十分であることなどを理由として、SPⅡの公開買付けに取締役会として反対する旨の意見を表明した。同時に、６月24日に開催予定の定時株主総会において、買収防衛策の導入と発動の承認を求めることを明らかにした。

　ブルドックの反対意見を受けて、SP は、６月13日に、本件新株予約権無償割当ての差止めなどを求める仮処分命令の申立てをした。SPⅡも、６月

タビュー〕ブルドックソース事件地裁決定──買収攻防の真実」ビジネス法務2007年９月号10頁、田中信隆「買収防衛実務におけるブルドック事件決定の論点」ビジネス法務2007年10月号27頁、森本滋ほか「〔座談会〕会社法への実務対応に伴う問題点の検討」商事法務1807号（2007年）26-34頁、田中亘「ブルドックソース事件決定がもたらした問題」日本エネルギー法研究所月報187号（2007年）１頁、田中亘「ブルドックソース事件の法的検討（上）（下）」商事法務1809号４頁、1810号15頁（2007年）、上村達男＝金児昭『株式会社はどこへ行くのか』（日本経済新聞出版社、2007年）206-221頁、361-362頁、若松亮「ブルドックソース事件最高裁決定」金判1275号（2007年）10頁、清水俊彦「不都合な真実(5)──ブルドックソース事件最高裁決定」金判1276号（2007年）〔本書第Ⅰ部第７章〕２頁、中東正文「株主は他の株主を選ぶことができるのか」金判1270号（2007年）１頁、中東正文「ブルドックソース事件を巡る法的戦略と司法審査」企業会計59巻11号（2007年）〔⇒本書第Ⅱ部第７章〕70頁など。

15日には、買付価格を1株1,700円に引き上げ、買付期間を8月10日まで延長した。同日中に、ブルドックは、公開買付けに反対する立場を維持することを決定した。

ブルドックが株主総会に付議したのは、① 一定の新株予約権無償割当てに関する事項の決定を、株主総会の決議事項とする定款変更議案と、② これが可決されることを条件として、新株予約権無償割当てを行うことを内容とする議案である。両議案は、6月24日の定時株主総会において、いずれも出席した株主の議決権の約88.7％、議決権総数の約83.4％の賛成により可決された。

本件買収防衛策は、SPの持株比率を低下させるために、発行済株式1株当たり、3個の差別的行使条件付新株予約権を無償で割り当てるものである。新株予約権には、取得条項が付されており、SP関係者以外の既存株主からは、新株予約権1個について1株で取得し、SP関係者からは、1個について369円（＝1,584÷4）での取得が予定されていた。

定時総会の後、6月28日、東京地裁は、本件仮処分命令の申立てを却下する決定をした。SPは抗告したが、7月9日、東京高裁も、抗告を棄却した。SPは許可抗告と特別抗告を行い、前者について東京高裁が7月27日に抗告を許可したものの、最高裁は、8月7日、いずれの抗告も棄却し、新株予約権無償割当ての差止仮処分が認められないことが確定した。

最高裁の決定を受けて、SPⅡは、公開買付価格を425円（＝1,700÷4）に変更しつつも、公開買付けを続行した。公開買付けには、発行済株式総数の約1.89％の応募しかなく、防衛策発動により、SP側は約5.41％に持株比率が下がった。ただ、先の取得条項の結果、SPには、21億円の現金が入った(6)。

3　株主総会の判断に関する最高裁決定

(1)　決定の枠組み

許可抗告を棄却するに際して、最高裁は、かなり踏み込んだ判断を説示し

---

(6) 裁判所での攻防は、いったん終結したが、ブルドックは、さらに、8月30日、取締役会決議によって、次の定時総会での不承認を解除条件として、事前警告型買収防衛策を導入することを公表した。

ている。地裁決定及び高裁決定と比較すると、ほぼ共通するのは、司法審査の枠組みと結論であろう。

　第1に、新株予約権無償割当てについても、募集株式発行等の差止めに関する会社法247条の類推適用を肯定し、これを差止仮処分の被保全権利とすることを認めるようである。第2に、同条の法令等違反については、株主平等原則（の趣旨）に違反するか否かが問題とされ（会社法109条1項）、本件新株予約権無償割当ては、この趣旨に反しないとした。第3に、不公正発行に当たるか否かについても、当たらないと判断した。

(2) 最高裁決定の要旨

1　株主平等原則の趣旨

　最高裁は、「新株予約権無償割当てが新株予約権者の差別的な取扱いを内容とするものであっても、これは株式の内容等に直接関係するものではないから、直ちに株主平等の原則に反するということはできない。しかし、株主は、株主としての資格に基づいて新株予約権の割当てを受けるところ、〔会社〕法278条2項は、……株主に割り当てる新株予約権の内容が同一であることを前提としているものと解されるのであって、〔同〕法109条1項に定める株主平等の原則の趣旨は、新株予約権無償割当ての場合についても及ぶというべきである」と、一般的に説示する。

　その上で、「本件新株予約権無償割当ては、……差別的な行使条件及び取得条項が定められているため、……SP[7]関係者は、その持株比率が大幅に低下するという不利益を受けることとなる」とする。

2　差別的行使条件及び取得条項の必要性

　最高裁は、上記のように判示しながらも、例外的に、「株主平等の原則は、個々の株主の利益を保護するため、会社に対し、株主をその有する株式の内容及び数に応じて平等に取り扱うことを義務付けるものであるが、個々の株主の利益は、一般的には、会社の存立、発展なしには考えられないものであるから、特定の株主による経営支配権の取得に伴い、……会社の企業価値が

（7）便宜上、決定文中の「抗告人」は、「SP」に、「相手方」は、「B」に置き換えて記載する。

き損され、会社の利益ひいては株主の共同の利益が害されることになるような場合には、その防止のために当該株主を差別的に取り扱ったとしても、当該取扱いが衡平の理念に反し、相当性を欠くものでない限り、これを直ちに同原則の趣旨に反するものということはできない」とし、差別的な取扱いを許容する余地を認める。

その上で、「特定の株主による経営支配権の取得に伴い、会社の企業価値がき損され、会社の利益ひいては株主の共同の利益が害されることになるか否かについては、最終的には、会社の利益の帰属主体である株主自身により判断されるべきものであるところ、株主総会の手続が適正を欠くものであったとか、判断の前提とされた事実が実際には存在しなかったり、虚偽であったなど、判断の正当性を失わせるような重大な瑕疵が存在しない限り、当該判断が尊重されるべきである」と、差別的な取扱いをする必要性の判断について、重大な瑕疵を有しない株主総会の判断が尊重されるべきという一般論を述べる。

本件において重大な瑕疵が存しないかについては、「本件議案は、議決権総数の約83.4％の賛成を得て可決されたのであるから、SP関係者以外のほとんどの既存株主が、SPによる経営支配権の取得がBの企業価値をき損し、Bの利益ひいては株主の共同の利益を害することになると判断したものということができる。そして、本件総会の手続に適正を欠く点があったとはいえず、また、上記判断は、SP関係者において、発行済株式のすべてを取得することを目的としているにもかかわらず、SPの経営を行う予定はないとして経営支配権取得後の経営方針を明示せず、投下資本の回収方針についても明らかにしなかったことなどによるものであることがうかがわれるのであるから、当該判断に、その正当性を失わせるような重大な瑕疵は認められない」と判断した。

3 本件新株予約権無償割当ての相当性

最高裁は、株主平等原則の趣旨からみた本件新株予約権無償割当ての相当性について、「SP関係者は、……持株比率が大幅に低下することにはなる。しかし、本件新株予約権無償割当ては、SP関係者も意見を述べる機会のあった本件総会における議論を経て、SP関係者以外のほとんどの既存株主が、SPによる経営支配権の取得に伴うBの企業価値のき損を防ぐために必

要な措置として是認したものである」とし、さらに、「SP関係者が自ら決定した本件公開買付けの買付価格に基づき算定されたもので、本件新株予約権の価値に見合う」金員の支払いが予定されているから、「本件新株予約権無償割当てが、衡平の理念に反し、相当性を欠くものとは認められない」とする。

他方で、既存株主が被るかもしれない不利益については、「SP関係者に対して多額の金員を交付することになり、それ自体、Bの企業価値をき損し、株主の共同の利益を害するおそれのあるものということもできないわけではないが、上記のとおり、SP関係者以外のほとんどの既存株主は、SPによる経営支配権の取得に伴うBの企業価値のき損を防ぐためには、上記金員の交付もやむを得ないと判断したものといえ、この判断も尊重されるべきである」とする。

4　不公正発行

最高裁は、不公正発行に当たるか否かの判断について、「本件新株予約権無償割当てが、株主平等の原則から見て著しく不公正な方法によるものといえないことは、これまで説示したことから明らかである」として、株主平等原則の趣旨に関する説示で、ほぼ足りると考えているようである。本件のように差別的な取扱いを含む事案では、不公正発行よりも、株主平等原則の趣旨の方が審査基準も厳格であるから、このような判示のみでも十分なのであろう。

(3)　最高裁決定と株主総会の判断

最高裁は、株主平等原則の趣旨との関係で、差別的取扱いを含む本件新株予約権無償割当ての必要性と相当性を判断しており、不公正発行との関係でも、同様の審査枠組みを維持した上で、若干の補足的な理由付けを与えている。

一連の決定は、買収防衛策の適否を、必要性と相当性の観点から審査し、両者の判断の相関性を認めており、これらの点で共通している。また、各決定は、株主総会の判断を尊重する点でも共通しているが、上記の審査の枠組みにおいて、どの場面で、その程度まで尊重するのかについて、判断を異にしている。

第Ⅱ部　法理の具体的な実践

　地裁決定は、株主平等原則からは、株式の経済的価値の平等が重視されると解して、SPに交付される経済的利益の確保を精査する。株主総会の判断は、主として不公正発行の問題に関して論じられ、「現経営陣と買収者のいずれに経営を委ねるべきかの判断は、……最終的には株主によってされるべきものであって、株主総会は、……最高意思決定機関であるから、特定の買収者による経営支配権の取得が企業価値を損なうおそれがあるという対抗手段の必要性の判断については、原則として株主総会に委ねられるべきであり、当該株主総会の判断が明らかに合理性を欠く場合に限って、対抗手段の必要性が否定される」と説示する。

　地裁は、株主総会の判断は、特別決議（定款変更＋導入＋発動）で十分であると解していると思われ、「SP関係者以外のほとんどの既存株主」の判断を尊重しようとする最高裁とは異なる。のみならず、地裁は、株主総会の判断を覆すことができるのは、「当該株主総会の判断が明らかに合理性を欠く場合に限って」とするが、最高裁は、「判断の正当性を失わせるような重大な瑕疵が存在しない限り、当該判断が尊重されるべき」としている。最高裁は、「SP関係者以外のほとんどの既存株主」が賛成していることのみを指摘しており、どの程度の株主の判断であれば正当性が失われるのか、下限を示していない。

　高裁は、SPが濫用的買収者であるという認定から出発しており、株主総会の判断の意味のとらえ方が異なる。例えば、地裁と同様に、有利発行規制や合併等対価柔軟化による少数株主排除が、株主総会の特別決議によって制度上許容されているとして、差別的な取扱いを会社法は排除していないとする。しかし、株主総会で決議されれば、どのような内容でも許容されてよいのか(8)。

　最高裁は、地裁や高裁のような説示をしていない。もっとも、ブルドックが多額の支出を余儀なくされる点について、株主総会が生じるかもしれない

---

(8) 少数株主の締め出しが、株主総会の特別決議で当然に可能であると理解するものであれば、到底、許容することができない。中東・前掲注(5)企業会計75頁。江頭憲治郎『株式会社法』（有斐閣、2006年）750頁注(3)も、「制度の濫用から消滅会社の少数派〔株主〕を救済する法理等……が必要である点は否定できない」とする（同786頁注(1)参照）。

不利益を受忍しているという説明をするが、これは有利発行規制と類似の発想に立つものであろうか。

4　株主総会の判断の法的意味

(1) 議論の概要

買収防衛策の導入や発動の適法性の司法審査に際して、株主総会の判断がどれほどの法的意味を有するかについて、議論が活発になりつつある。

平時導入型の買収防衛策に関して、導入時の株主総会の判断の法的意味については、議論が深められつつある。とりわけ、定款を変更して買収防衛策の導入を総会決議事項にしていない場合に（会社295条2項）、導入や継続の承認を議題とする勧告的決議については、「アンケート調査」、「気休めのもの」などにすぎないとされる[9]。

もっとも、実務においては、2007年7月末までに買収防衛策を導入した381社のうち、353社（92.7％）が株主総会で株主の意思の確認を行っている。そのうち、定款変更を行った上で買収防衛策を導入した会社は、122社にすぎず、勧告的決議によった会社が198社と大半である。株主総会決議を経ている理由の1つには、国内外の機関投資家等が、株主総会への付議を求めているという事情があろう[10]。

買収防衛策の平時導入について、最高裁は、「株主、投資家、買収をしようとする者等の関係者の予見可能性を高める」と説示しており、これをも根拠として、ブルドックの8月30日の事前警告型買収防衛策は導入されている[11]。最高裁は、本件に関して、有事導入であっても、株主総会で多額の支出の必要性が判断されていることを1つの理由として、防衛策の適法性を認めている。

裏返して考えると、平時導入型であれば、株主総会の判断がなくても適法性を認めるものであると理解することもできる。この点に関しては、「アン

---

(9) 森本ほか・前掲注(5) 26-31頁〔森本発言、相澤哲発言〕。
(10) 以上につき、藤本周ほか「敵対的買収防衛策の導入状況――2007年6月総会を踏まえて」商事法務1809号（2007年）37-39頁、40-44頁参照。
(11) ブルドックソース株式会社「当社の株券等の大規模買付行為に関する対応方針（買収防衛策）について」2007年8月30日付リリース5頁。

ケート調査の結果を〔取締役の〕免責の理由にしてはいけない……。重要な会社事項について、株主の多数の意見を聞いて適切に配慮することは、プラスの面もあるが、……善管注意義務を緩和する機能を有するわけでは」ない、と説かれている(12)。

他方で、「非濫用的買収からも会社を守りたいとの会社の要望を正面から受け止め、権限分配論を前提にしながら会社法をフルに駆使して買収防衛策を考えてきた実務家は、会社法は非濫用的買収者に対する防衛を否定していない、そうした広い意味での企業価値の毀損の有無を判断できるのは株主総会であると考えてきた」として、本件の最高裁決定と地裁決定を好意的に受け止める見解がある(13)。

株主総会の判断の法的意味について、これを重視する見解と重視しない見解とが、真っ向から対立しているのが現状であり、本件が格好の議論の素材となっている。

(2) 株主総会の判断を尊重する根拠
1 最高意思決定機関

会社支配の争奪に際して、いかなる局面において、どのような論拠から、株主総会の判断が尊重されるかは、相当に難問である(14)。

最も単純な論拠は、株主総会が最高意思決定機関であることに求められるのであろうか。地裁決定も、この点を論拠に掲げている。

有利発行の是非に象徴されるように、事業展開に関する基礎的な事項について、株主総会が決議するという枠組みは、自然ではある。ただ、支配維持が主要目的と認定されても、対抗措置の発動が認められる場合があることが共通の認識になると、単純な論理では済まなくなる。支配維持目的で株主総

---

(12) 森本ほか・前掲注(5) 27頁［森本発言］。
(13) 「ブルドックソース事件最高裁決定の射程」商事法務1809号（2007年）50頁。
(14) 効率性の観点から、「会社支配の問題は株主自身に決定させるべきである」との立場を検証するものとして、田中亘「敵対的買収に対する防衛策についての覚書（2・完）」民商131巻6号（2005年）823頁以下。この立場を、「取締役会は、株主の事前の授権があれば、そしてある場合にのみ、防衛策を行使できる」という立場と解釈しなおせば、究極的には実証的な判断が必要であるものの、法政策として強い合理性を持っているとされる（同833-834頁）。

会が一定の判断をしても、それが直ちに裁判所でも尊重される論拠は明らかではない。

会社の基礎的変更等に際して、損益の帰属主体である株主は、直接的に議決権を行使することができ、反対株主には株式買取請求権による離脱が認められている。それ以外の事項については、取締役の選解任を通じて、その意思を反映することができる。残余請求権者としての責任を負わせる正当化の契機として、株主総会の判断を位置づけることはできよう。

他方で、特定の株主の支配取得に伴って企業価値が毀損されるか否かは、会社の利益の帰属主体である株主によって判断されるべき事項なのか、また、そうであるとしても、なぜその判断が株主総会で行われなければならないのかという疑問がある[15]。

2 株主総会の判断の合理性

株主総会の判断を尊重することには、幾つかの問題が存在している。

第1に、取引先等が多数の株式を保有しており、株価を重視する純粋な投資家の判断が反映されにくい株主構成である場合には、企業価値を高める買収に賛成し、そうでない買収に反対するという保証がない[16]。

第2に、上記の点にも関係し、株主の合理的無関心という問題がある[17]。本件では、総議決権の94％を有する株主が出席しており、多くの株主が議決権の行使に関心があった事例ではある。ただ、ブルドックがSPに対して多額の支払をする点について、最高裁は、株式等の有利発行と類似の利益状況を認めているようでもある。合理的に無関心であり議決権を行使しなかった株主を拘束する理屈として、株主総会の判断を尊重することには疑問がある[18]。

第3に、構造的な問題として、基準日の問題がある。株主総会は、基準日現在の株主が議決権を行使するのであり、株主総会までに株式を手放した株

---

(15) 田中（亘）・前掲注（5）商事法務1810号15頁以下参照。
(16) 田中（亘）・前掲注（5）商事法務1810号18頁、鶴光太郎「買収防衛策の再検討」会社法務ＡＺＺ2007年10月号24頁。
(17) 松井秀征「新株有利発行規制に関する一考察」小塚荘一郎＝高橋美加編『商事法への提言〔落合誠一先生還暦記念〕』（商事法務、2004年）375-376頁参照。
(18) 松井・前掲注(17) 389-390頁参照。

主も議決権を行使する。そのような株主が会社支配の移転に干渉する合理性があるのか、疑わしい[19]。しかも、本件では、定時株主総会での判断であったから、約3カ月のずれがあったことになる[20]。

第4に、株主総会の判断が当然に尊重されることになれば、安定株主工作を進めようとする誘因を会社に与え、株式の持合いの復活を後押しすることになる[21]。安定株主がいて防衛が必要でない会社は、防衛策の発動が認められ、逆に、安定株主がおらず敵対的買収の対象となりやすい会社は、防衛策の発動が認められにくくなり、実務の要望に反するねじれた状態が生じてしまう[22]。

以上のように考えてくると、本来ならば、敵対的買収者が公開買付けを実施している場合において、買収の成否は株主総会の判断で決するべきではなく、公開買付けに応募するか否かによって、個々の株主に賛否を表明させるのが適切である[23]。もっとも、公開買付けに強圧性が存する場合には、歪められた選択が生じるが、最も簡明な対策は、買収の是非を株主総会に判断させることである[24]。株主総会の判断を便宜的に参考にするにせよ、防衛策発動の必要性の有無について、裁判所は実体的な審査を行うべきであろう[25]。最高裁も、買収者以外の「ほとんどの既存株主」が賛成していると説示しており、また、「判断の正当性を失わせるような重大な瑕疵が存在しない限り」株主総会の判断が尊重されると説いており、適切な配慮であると考えられる[26]。

---

(19) 田中（亘）・前掲注（5）商事法務1810号16頁。また、同論文24頁注(59)が引用する文献も参照。極端な例を考えると、経営陣が安定株主工作のために、基準日に株主名簿に載るように株式を取得してもらい、直後に株式を売却させるという手段も想定され得る。
(20) 田中（亘）・前掲注（5）商事法務1810号24頁注(59)参照。
(21) 鶴・前掲注(16) 24-25頁。
(22) 三苫・前掲注（5）12頁。
(23) 鳥山・前掲注（5）金融・商事判例8頁。
(24) 田中亘「敵対的買収に対する防衛策についての覚書(1)」民商131巻4＝5号（2005年）633頁参照。
(25) 鳥山・前掲注（5）金融・商事判例6-7頁。
(26) 清水・前掲注（5）2頁、7頁。

(3) 資本多数決の限界

　株主総会の判断を尊重する場合には、株主平等原則（の趣旨）との関係で、難解な問題が残されている。

　すなわち、「会社法の諸規定を見渡しても、そこから『特別決議に基づき、かつ経済的利益の平等さえ確保していれば、特定の株主についてだけその持株比率を強制的に下げてもよい』という一般的な準則をただちに導くことは無理」であり[27]、差別的行使条件が株主平等原則に違反しないことを、論理的に説明するのは困難である[28]。

　もっとも、「新株予約権というクッションを介在させるものの実質的には株主の不平等扱いである」と、学説であまり主張されないのは、「もし当該差別的行使条件を違法と解すると、わが国の現行法制下ではライツ・プランは作れないことになり、そうなると、経営者団体等が議員立法等の手段でより強力な敵対的買収に対する防衛策を導入しようとの動きに出かねない、との配慮によるものと思われる」との分析が示されている[29]。

　裁判所が、株主平等原則の基礎にある衡平の理念に遡って例外を認めようとしているのも[30]、実際には、先の見解が示唆するように、会社支配市場法制が十分に整備されていない現状に関係するのかもしれない。本件は、裁判所が会社法を解釈適用するという、「わが国の買収法制の形成プロセスの限界も垣間みえた」事例でもある[31]。攻撃側と防御側にどのような土俵を提供するのが適切であるのか、法政策論的な見地から、会社法制と証券法制が調和した会社支配市場法制の構築が急がれる[32]。

---

[27] 田中（亘）・前掲注（5）商事法務1809号9頁。また、同・前掲注（5）商事法務1810号26頁注(81)は、「株主平等原則は強行法規と考えられてきたから、差別的な新株予約権の無償割当てに同原則の適用があるとすれば（本決定は、同原則の「趣旨」が適用になると、やや曖昧ないい方をしているが）、ただちに違法となるのが素直な解釈である」とする。

[28] 詳細な検討として、鳥山・前掲注（5）金融・商事判例5-7頁。また、上村＝金児・前掲注（5）212-221頁［上村］参照。

[29] 江頭憲治郎「事前の買収防衛策——発動時の問題」法の支配145号(2007年)28頁注（3）。

[30] 鳥山・前掲注（5）金融・商事判例6頁。

[31] 田中（亘）・前掲注（5）商事法務1810号23頁。

[32] 岩原紳作ほか「〔座談会〕敵対的TOB時代を迎えた日本の買収法制の現状と課題——金融商品取引法の要点」MARR147号（2007年）20頁［岩原発言］、田中（亘）・

第Ⅱ部　法理の具体的な実践

　最高裁は、株主平等原則の「趣旨」を問題にして、必要性と相当性の判断について、例外が認められるための要件を意図的に明確にしなかったとも思われる。とすると、基本的には買収防衛策を認める法枠組みは望ましくないとの認識の下で、今後の立法による会社支配市場法制の再構築を期待したのであろうか。

(4)　株主は他の株主を選ぶ権限を有するのか

　差別的行使条件の適法性に関しては、経済的損害との関係で、新株等の有利発行規制と同じ次元で理解しようとする見解もあるが[33]、敵対的買収者が多数決で排除される場面においては、妥当しない。買収者以外の株主は、特別利害関係を有するというべきであり、そのような株主によって承認された株主総会の判断は決議取消事由となる瑕疵を有している（会社法831条1項3号）[34]。

　そもそも、株主総会は、取締役を選ぶ権限を有するが、他の株主が誰であるのかを選ぶ権限を、当然に有しているわけではない[35]。また、「企業価値の維持・向上の義務を負う取締役により構成される取締役会と異なり、個々の株主は企業価値や株主共同の利益の維持・向上の義務を負っているわけではなく、みずからの利害にしたがって（あるいは極端な場合、好きか嫌いかによっ

　　前掲注（5）商事法務1810号23-24頁、中東正文「会社支配市場に関わる法規制の再構築」江頭憲治郎＝碓井光明編『国家と社会〔法の再構築Ⅰ〕』（東京大学出版会、2007年）58-61頁（『企業結合法制の法理』（信山社・2008年）所収）、同「敵対的買収に関する法規制」証券取引法研究会編『証券・会社法制の潮流』（日本証券経済研究所、2007年）206-207頁参照。

(33)　例えば、日経金融新聞2007年5月8日（葉玉匡美弁護士インタビュー）、日経産業新聞2007年6月25日（服部暢達教授コメント）。

(34)　清水俊彦「不都合な真実——買収防衛策の導入をめぐる混迷」金融・商事判例1268号（2007年）3頁参照。

(35)　中東・前掲注（5）金融・商事判例1頁。米国の約半数の州で採用されている支配株式取得法の内容や効果が参考となろう。連邦最高裁で初めて合憲性が認められた州会社法であり、第2世代の州法と呼ばれる。同法については、吉原和志「州による企業買収規制の展開と現況（上）（中）」商事法務1216号11-16頁、1218号20-21頁（1990年）、中東正文『企業結合・企業統治・企業金融』（信山社、1999年）110-111頁、太田洋＝今井英次郎「米国各州における企業買収規制立法の最新状況（下）」商事法務1723号（2005年）40頁ほか参照。

第 8 章　ブルドックソース事件と株主総会の判断の尊重

て) 行動する」との指摘もある(36)。

　EU諸国の法制では会社支配の在り方に関する中立の審査機関が設置されているのに対して、「そのような制度のないわが国においては、『株主に判断させる』ことの前提は成立していない……。現行法下では、防衛策の発動における『防衛する（企業買収を退ける）』という判断は、『取締役を選ぶ』という判断（その内容の当否には司法審査は及ばない）に近いとは必ずしもいえず、むしろ『株主による株式の売買に干渉する』という判断に近い」とも説かれる(37)。

　ところが、我が国での裁判例の積み重ねをみると、本件の法廷闘争が起こる前から、「ニッポン放送事件以後の敵対的買収において、裁判所は繰り返し『機関権限分配秩序論』を判示してきており、これは、会社の支配権をめぐる争いに取締役会が決着をつける（裁判所がその取締役会の行為にお墨付きを与える）ことは拒絶する、という裁判所の一貫した姿勢の現われ」であり、「裁判所は、……株主にとって望ましい買収か否かは株主自身の決めることだ……との態度をとる可能性が高い」と指摘されてきた(38)。本件の一連の決定も、基本的には、この考え方の延長線に位置づけることもできよう。

　従前も、事前警告型買収防衛策の設計について、株主総会で発動の判断を組み込む型が提唱されてきた(39)。もっとも、実際、2007年7月末までに防衛策を導入した会社のうち、導入時に株主総会に付議した会社が92.7％であるが、発動時に株主総会への付議を組み入れたものは、13.2％にしかすぎない(40)。この現実は、行き過ぎた権限分配論に、実務が追い付けないという現実を示しているのかもしれない。裏返せば、実務が追い付くに至れば、安定株主工作等の成功により、もはや買収防衛策は必要とならず、会社支配市場からの経営陣に対する規律は利かない状況に逆戻りしたとも評価されることになろう。

―――――――――――

(36) 三苫・前掲注(5) 12頁。
(37) 大杉謙一「新会社法とM&A──組織再編行為」自由と正義58巻7号（2007年）40頁注(28)。
(38) 江頭・前掲注(29) 27-28頁。
(39) 香田温子ほか「株主総会判断型の買収防衛策──株主・対象会社・買収者にとってフェアな買収防衛策の試案」商事法務1752号（2005年）33頁。
(40) 藤本ほか・前掲注(10) 37-39頁参照。

第Ⅱ部　法理の具体的な実践

　このような逆戻りが生じる前に、立法による会社支配市場法制を再構築する必要がある。株主総会の判断が合理的であるとは限らないとすれば、例えば、中立的な審査機関の精査を経て、取締役会の決議のみで、買収防衛策を発動することを許容するという法制も考えられてよい[41]。この際にも、前述のように、主として攻撃側の行動を規制する証券法制と主として防衛側の行動を規制する会社法制が調和して、あるべき法枠組みが模索されなければならない。

5　結　語

　本章では、ブルドックソース事件を通して、買収防衛策の発動を株主総会が判断することの意味について、検討をしてきた。検討すべき点の整理に終わった感もあり、更なる考察は、今後の課題としたい。

　種々の検討を経た上で、最高裁の決定の内容を振り返ると、逆説的かもしれないが、どの程度の株主総会の判断があれば足りるのか、取締役会限りの防衛策の発動も可能なのかなど、本件の最高裁決定が決定的な基準を示さなかったことが、意義深いものであったと評することもできよう。

---

(41) 例えば、落合誠一「敵対的買収における若干の基本的問題」企業会計57巻10号（2005年）10頁は、敵対的買収の採否は原則的に取締役会にゆだねられているとする。また、上村＝金児・前掲注（5）362頁［上村］も、株主総会の判断を絶対視するべきではなく、およそ防衛策は株主総会の判断が必要であるとすべきではないと主張する。同書203頁［上村］は、各会社に特別委員会を設置するのではなく、一括集中型の委員会を設置すべきことを提唱する。この見解に賛成するものとして、中東・前掲注（5）企業会計78頁。

第9章　カネボウ株式買取価格決定申立事件
　　——東京地裁平成20年3月14日決定〔即時抗告〕——

1　事実の概要

　Xらは、Y（旧・カネボウ株式会社、現・海岸ベルマネジメント株式会社）の普通株式を有する株主であったが、平成18年4月14日に開催された取締役会において、その主要事業を営業譲渡することを決議したところ、これに反対して株式買取請求権を行使した。Yとの間で買取価格の協議が整わなかったために、東京地裁に対して、株式価格の決定を求めた[1]（平成17年改正前商法245条5項、245条ノ5第5項、245条ノ3第4項、166条ノ2第1項2号）。

　Yは、平成18年4月14日当時、発行済株式総数が2億2,641万5,057株であり、そのうち、普通株式が5,128万3,557株、A種類株式が3,000万株、B種類株式が3,000万株[2]、C種類株式が1億1,513万1,500株[3]であった。Xらは、Yの発行する普通株式を保有しており、その主張する持株数は、100株から145万株余りであり、合計で約677万株である。

　Yは、東京証券取引所第1部に株式を上場していた企業であったが、経営状態が悪化したため、平成16年2月16日、産業再生機構に対して支援を要請し、同年5月31日、グループ全体の事業再生計画について同機構の支援決定を受けた。Yは、金融機関から債務免除を受けた上で、同年10月1日、産業再生機構から約200億円の出資を受けて、同機構に対してC種類株式を5,263万1,500株発行するとともに、申立外M銀行（三井住友銀行）から300億円の出

---

[1] 金融・商事判例1289号8頁。
[2] A種類株式は、議決権のない優先株式であり、平成23年4月1日以降において株主が普通株式へ転換請求できる予約権と発行価格相当による償還請求権が付されている。また、B種類株式は、議決権のない優先株式であり、平成26年4月1日以降において株主が普通株式へ転換請求できる予約権と発行価格相当による償還請求権が付されている。
[3] 議決権を有する利益配当請求権のない種類株式で、会社が任意消却でき、平成18年10月1日以降であれば普通株式に転換することができる。

159

資を受けて、同行に対してA種類株式3,000万株およびB種類株式3,000万株を発行した。

Yは、平成17年4月13日、過年度の粉飾決算とそれに伴う決算修正を公表した。これを受け、東京証券取引所および大阪証券取引所は、同年6月13日、有価証券報告書の虚偽記載を理由に、Yの株式について上場廃止措置をとった（最終株価は360円）。

Yは、平成17年8月、産業再生機構が支援先を選定するための入札希望者を募ることを前提に、入札希望者がYの企業価値を判断するための資料として、事業再建計画である新再生5カ年計画（以下、「本件5カ年計画」という。）を作成して、これを同機構に提出した。同機構は、申立外T（トリニティ・インベストメント株式会社）を相手方の支援先に決定し、平成17年12月16日、保有するC種類株式全部をTに対して1株201円で譲渡し、さらに、申立外Nも、平成18年2月21日、Tに対して保有するC種類株式全部を譲渡した。その結果、Yの株主構成（議決権のある株主）は、一般投資家の所有株式が普通株式5,128万3,557株、Tの所有株式がC種類株式1億1,513万1,500株となった。

Tは、平成18年2月21日から、Yについて、買付価格を1株162円とする公開買付（以下、「本件公開買付」という。）を行い、同年3月29日までに、Yの普通株式2,181万4,229株を取得した。この公開買付価格は、Tが依頼した第三者機関が算出した株式価格を参考にYの普通株を1株147円と評価し、これに15円（約10.2%）のプレミアムを上乗せして決定されたものである。公開買付の結果、Yの株主構成（議決権のある株式）は、一般投資家の所有する株式が普通株式2,946万9,328株、Tの所有する株式が普通株式2,181万4,229株およびC種類株式1億6,641万1,500株となり、Tは議決権株式総数の約82%を占めるに至った。

Yは、平成18年4月14日の取締役会において、主要事業をTが出資している別会社に営業譲渡（以下、「本件営業譲渡」という。）をする旨の決議を行った。さらに、同日、本件営業譲渡の決議を電磁的方法により公告し（平成17年改正前産業活力再生特別措置法12条の3第2項、同商法245条ノ5第2項、166条1項9号6項、166条ノ2）、同日付け営業譲渡契約により同年5月1日をもって上記各事業を営業譲渡した。Xらは、本件営業譲渡に反対して、株式買取請求権を行使

したものの、買取価格について協議が整わないので、価格決定を申し立てた。

2　決定要旨

　Xら[4]が保有するYの普通株式の買取価格は1株につき360円とする。
　本件手続費用のうち鑑定人に支払った鑑定料5,420万円のうち、4,531万2,097円をXらの負担とし、888万7,903円をYの負担とする。

(1)　Xらの申立適格（株式買取請求手続の履践）
　〔略〕

(2)　反対株主による株式買取請求権の趣旨
　「旧商法245条ノ2によれば、営業譲渡に反対した株主は、会社に対して、自己の保有する株式を『公正ナル価格』で買い取るべきことを請求できることを定めているが、この制度は、会社が営業譲渡を決定した場合、反対株主に対して投下資本を回収する途を保障することを目的とするものである。そして、裁判所が決定する『公正ナル価格』とは、『(営業譲渡の) 承認ノ決議ナカリセバ其ノ有スベカリシ公正ナル価格』であって、客観的に明らかになっている過去の一定時点における株式価格をいうわけではないから、『公正ナル価格』の特質からみて、考慮される事情は多岐にわたると考えられるが、法が価格決定の基準について格別の規定をおいていないことからすると、法は価格決定を裁判所の合理的な裁量に委ねていると解することができる（最一小決昭和48年3月1日・民集27巻2号161頁参照）。」
　「したがって、裁判所は、『公正ナル価格』、すなわち、営業譲渡が行われずに会社がそのまま存続すると仮定した場合における株式の価値の算定に当たっては、一切の事情を斟酌して、反対株主の投下資本回収を保障するという観点から合理的な価格を算定することになる。」

(3)　本件株式の評価方法
　① 継続企業としての価値　　「営業譲渡が行われずに会社がそのまま存続

（4）株式買取請求手続を適法に履践している者に限られる。

すると仮定した場合におけるＹ株式の価値を評価すべきであるから、基本的にＹの継続企業としての価値を評価すべきである。」

② ディスカウンテッド・キャッシュ・フロー方式の相当性　「本件鑑定人……の株式鑑定評価意見書によれば、① 収益方式（インカム・アプローチ）は、評価対象会社から将来期待することができる経済的利益を当該利益の変動リスク等を反映した割引率により現在価値に割り引き、株主等価値を算定する方式であること、② 収益方式の代表的手法として、ディスカウンテッド・キャッシュ・フロー方式（以下「DCF法」という。）があること、③ DCF法は、将来のフリー・キャッシュ・フロー（……）を見積もり、年次ごとに割引率を用いて求めた現在価値の総和を求め、当該現在価値に事業外資産を加算したうえで企業価値を算出し、負債の時価を減算して株式等価値を算出して株主が将来得られると期待できる利益（リターン）を算定する方法であることが認められる。」／「上記認定事実によれば、本件において、継続企業としての価値の評価に相応しい評価方法、収益方式の代表的手法であるDCF法ということができ、Ｙの株式価格の評価に当たっては、DCF法を援用することが相当である。」

③ 他の評価手法について

　ア　配当還元方式について

「Ｙは、本件営業譲渡の当時、産業再生機構の支援を受けている事業再生途上の企業で、配当を行うことができる状況にはなかったこと、Ｙについて一般に妥当とされる配当額を求めることは困難であること、事業再生途上の企業は成長性や成長率が必ずしも明確とは言い難いことが認められる。そうだとすると、Ｙの株式を算定するに当たって、実際配当還元法、標準配当還元法及びゴードンモデル法のいずれの方式も考慮することは相当でな」い。

　イ　取引事例方式について

「Ｙは、本件公開買付の買付価格の客観性が第三者機関による評価によって担保されていると主張するが、本件鑑定人の判断は十分合理性が認められ、また、上記第三者機関の評価を踏まえた本件公開買付価格〈ママ〉の買付価格が１株162円であり、本件鑑定人の判断である１株360円と２倍以上の開きがあることからすると、上記第三者機関の評価を参考とした結論が採り得ない」。／「Ｙの株式を算定するに当たって、取引事例法に従い本件公開買付におけ

る買付価格を考慮すべきであるとのYの主張は理由がなく、これを採用することができない。」

　ウ　純資産方式

「Yの株式を算定するに当たっては、Yの継続企業としての価値を算定する観点から判断する必要があるところ、純資産方式は……、事業継続を前提とする会社においてその企業価値を評価する方法ではないから、本件ではこの方法を考慮するのは適切ではない」。

　エ　類似会社比準方式

「Yは、最近まで産業再生機構の支援を受けていた事業再生途上の会社であって、このような状況にない上場会社とは経営状況が大きく異なり、Yと規模の類似する上場会社を勘案・比較することには問題があることが明らかである。そうだとすると、本件ではこの方式を考慮するのは相当ではない」。

　④　小　　括　「本件においては、Yの株式を算定するに当たっては、継続企業としての価値を評価するという観点から、DCF法に従って評価するのが相当であり、当該判断を覆すに足りる的確な証拠は存在しない。」

(4)　**本件株式の評価**

①　鑑定人による評価〔略〕

②　本件鑑定に関する当事者の主張に対する判断

　ア　X第1グループの主張

　(ア)　FCFの算定〔略〕

　(イ)　永久成長率〔略〕

　(ウ)　割引率〔略〕

　(エ)　その他

「Xらは、本件はスクイーズアウトの事案であるところ、同種事案に関する裁判例（東京地決平成19年12月19日・金融・商事判例1283号22頁(5)）では、今後の株価上昇に対する期待権を評価して客観的交換価値に期待プレミアム（13.9パーセント）を上乗せした価格を買取価格と判断しているから、本件でも、

（5）レックス・ホールディングスのMBOに関する株式取得価格決定申立事件に関するもの。

上記の方法により算定された株式価値に期待プレミアム……を上乗せした価格を買取価格とするのが相当であると主張する……」。／「本件鑑定において採用したDCF法は、……将来期待できる経済的利益を現在価値に引き直して株式価値を算定する方法であり、現在の株式価値は将来の株式が生み出すであろう価値を織り込んで評価している。そうだとすると、DCF法を採用した場合、現在の株式価値に加えて、将来における株価の上昇を考慮する必要があるとはいえない。また、Xらの援用する裁判例は、現在の株式価値を市場価格に求めたため、将来の市場価格の上昇に対する期待を考慮する必要が求められたものであって、DCF法を採用した本件鑑定とは事案を異にする。」／「以上によれば、本件鑑定人の判断は、専門的学識と経験に基づき行った判断として十分合理性があり、本件鑑定に不合理な点はないというべきである。よって、この点に関するXらの主張は理由がない。」

　イ　X第2グループの主張〔略〕
　ウ　X〔ファンド〕の本鑑定に対する意見〔略〕
　エ　Yの主張
　㈠　FCFの算定方法

「本件5カ年計画は、Yにおいて作成した計画であるから、平成17年度の1年間の実績値が計画値を下回ったからといって、直ちに同計画の数値を修正するべきであるとのYの主張は、同計画の作成者として余りに一貫性のない主張というべきである。Yは……、本件5カ年計画は、支援企業を選定するために作成されたため、元々事業の目標値を高く設定していると主張する。そうだとすると、Yの主張は、支援企業に対しては自社の企業価値を高く売り込みながら、株式買取請求の場面では自社の企業価値はもっと低額であると主張していることになるが、このような便宜的な主張・取扱いは信義則に照らし、認められ難い主張というべきである。」〔以下・略〕

　㈡　割引率〔略〕
　㈢　その他の考慮事項

「本件鑑定人は、本件株式買取価格の決定においては、株式売却を意図していない少数株主が会社から離脱することを余儀なくされた場合における少数株主に対する売却を前提とする非流動性ディスカウントを考慮する必要はないこと、また、非流動性ディスカウントによる調整は客観的な根拠がなく、

鑑定の客観性を担保する観点をも考慮してこれを採用しなかったことが認められる。」／「以上のような本件鑑定人の判断は、専門的学識と経験に基づき行った判断として十分合理性があり、本件鑑定に不合理な点はないというべきである。よって、この点に関するＹの上記主張は理由がない。」

　㈥　非事業用資産の評価〔略〕

　㈦　その他〔略〕

　③　小括（本件における株式買取価格）　「Ｘら又はＹが本件鑑定の問題点として指摘する諸点は、いずれも本件鑑定人がその専門的学識と経験に基づき行った判断について異議を差しはさむものであるところ、本件鑑定人らの判断には十分合理性があり、不合理な点は認められない。また、本件鑑定人の判断について、その評価の基礎となる数値に誤りがあったり、その計算過程に誤りがあるとも認められない。したがって、本件鑑定の結果は正当なものということができ、Ｘら及びＹの主張はいずれも理由がなく、援用することができない。」

　「以上の検討結果から明らかなとおり、Ｙの普通株式の１株当たりの株式価値は、本件鑑定の結果に従い、360円と認めるのが相当であり、当該判断を覆すに足りる的確な証拠は存在しない。」

(5) 費用負担について

　「本件手続における鑑定費用の負担については、①　申立てが適法とされたＸ（株主）らとＹ（会社）との間においては、各Ｘ（株主）らの持株数と本件株式の価格についてのＸ（株主）らとＹ（会社）それぞれの主張額と当裁判所が決定する額との乖離率に応じて各当事者が負担し、②　申立てが不適当とされたＸ（株主）らとＹ（会社）との間においては、Ｘ（株主）らの持株数に応じてＸらにおいて負担するのが相当である。その理由は、次の通りである。

　ア　鑑定費用をＸ（株主）らに負担させること自体の当否について

　株価決定に際し鑑定した場合にこれを要する費用が場合によっては高額になることがある。しかし、これをＸらの所有株式１株当たりの負担額に換算するとそれほど高額にはならない場合もある。これを本件についてみるに、Ｘらが所有する株式１株当たりの鑑定費用は８円程度であり、１株の買取価格である360円、Ｙの主張する１株162円と比較して、決して高額とはいえな

い。したがって、鑑定費用をＸらに負担させること自体が不当ということはできず、この点についてのＸらの主張は理由がない。

　イ　鑑定費用の負担の基準をＸ（株主）らとＹ（会社）それぞれの主張額と当裁判所が決定する額との乖離率とすることの当否について

　㋐　少数株主を保護するための制度である営業譲渡に伴う株式買取請求権の行使が鑑定費用の負担により不当に制約されてはならないことは当然である。だからといって、株主であるＸらが理由のない主張をすることまでが当然に許されるわけではない。株式の買取価格を巡って、ＸらとＹとの間の協議が整わず、Ｘらが株式買取価格決定の申立てに及んだことは、Ｙのみの責任ではなく、少数株主であるＸらが株式買取価格の額に関して合理的な根拠のない主張をしていたのであれば、そのことも申立てに至った原因であるから、鑑定費用について相応の負担を課されてもやむを得ないというべきである。

　㋑　なるほど、Ｘらが申立ての当初の段階で適正な株式買取価格を主張するために必要な資料を有しているとはいい難い。しかし、Ｙから、株式買取価格決定の申立手続の中で価格を判断するために必要な資料が提出され、鑑定人が鑑定を行う前提となる鑑定資料が提出された段階において、裁判所が、改めて当事者双方から適正な買取価格について意見を述べる機会を与えれば、当事者双方とも同一の資料に基づいて適正と考える買取価格を主張することが可能となる。仮に、Ｘらがこの段階になってようやく適正な株式買取価格を主張することができるようになったとすれば、当初から適切な情報開示を行わなかったＹの対応に問題があったというべきである。

　㋒　以上のような諸点を考慮すると、当事者双方の公平の観点に照らし、鑑定人に鑑定を依頼する直前において当事者が主張する買取価格を基準として、ＸらとＹがそれぞれが主張する買取価格と裁判所が決定した買取価格の乖離率に応じて、鑑定費用を負担させるのが相当である。」

3　研　　究

　裁判所が、本件株式の価格の決定について、ＤＣＦ法を利用したことと、当事者双方の主張に呼応しつつ判断するという姿勢を示したことには賛成する。しかし、株式買取価格の決定が法的かつ規範的な判断であることの自覚

第9章　カネボウ株式買取価格決定申立事件

に欠けており、本件営業譲渡が独立当事者間取引ではないという事情を考慮しないことについて、疑義が存在する。鑑定費用の負担については、理由と結論ともに反対する。

(1) 株式買取請求権制度の趣旨

　会社法制の現代化によって、事前規制から事後救済への転換がなされた。これにより、必然的に、事後救済のための諸制度が実効性を有していることが重要になろう。会社法においては、株式買取請求権制度の存在意義が大きく変化したことが指摘されている(6)。この点の変更を強調する論者は、買取価格が「公正な価格」に変更されたことから、「経営者あるいは多数株主の行う決定に対するチェック機能……が前面に出てくる」と分析する(7)。この段階に及んでは、事後救済のための制度が、経営者などに対して事前の行為規範を提示することになるから、事前規制と事後規制との分水嶺は一段と曖昧なものとなり、両者の役割分担こそが重要となろう(8)。
　本件における反対株主の株式買取請求権の行使は、平成17年改正前の商法に基づくものであるが、経営者あるいは多数株主に対する規律付けの機能が存在しないことを意味しないし、むしろ、この機能は従前から重要なものであると再認識されるべきである。

(2) 株式価格決定における裁判所の役割

　株式買取請求権が行使されて、価格について株主と会社との間で協議が調わない場合には、株主または会社は裁判所に対して、価格決定の申立てをすることができる。株式価格決定は非訟事件として取り扱われているが（会社法870条4号参照）、このような裁判構造に対しては、懸念が存在する。
　実体法上は、独立当事者取引でない取引については、公正であることの立

（6）藤田友敬「新会社法における株式買取請求権制度」江頭憲治郎先生還暦記念『企業法の理論〔上巻〕』263頁（商事法務、2007年）。
（7）藤田・前掲(6) 276頁。
（8）資本多数決に関する諸規整の類型化については、神田秀樹「資本多数決と株主間の利害調整〔1〕～〔5・完〕」法学協会雑誌98巻6号761頁、同8号1056頁、同10号1296頁、同12号1609頁、99巻2号223頁（1981-1982年）が参考となる。

証責任を会社側に負わせるべきであると解され、これを出発点として、価格決定の裁判も進められるべきである。問題は、どのようにして、これを可能とする裁判構造を組み立てるかであろう(9)。

この問題を考えるにあたっては、本件決定でも引用されている最高裁第一小法廷昭和48年3月1日決定（民集27巻2号161頁、金融・商事判例363号7頁）が重要である。この最高裁決定では、株式価格の決定を非訟事件手続で取り扱うことの合憲性が問題とされたが、従前の判例理論で、二義的に取り扱われてきた非訟事件における手続的保障こそが問題とされるべきであった(10)。

会社法が株式買取請求権制度を設けている趣旨からしても、非訟事件における手続的保障という視点を、重視すべきである(11)。株式買取請求権制度の現代的意義は、基礎的な変更に反対する株主に退出の機会を与えるという面だけにあるのではない。むしろ、経営者あるいは多数株主が行う重要な決定に対する規律付けを与えるという面が強調される必要がある。このような牽制機能が期待されるのは、通常、経営者あるいは多数株主が少数株主との間で利益が相反しており、独立当事者間取引として、関係当事者の交渉を通した公正な条件への到達が期待できないからである。

株式買取価格決定の場面を想定して敷衍すれば、裁判所に独自の判断が期待されるのは、独立当事者間取引でなく、株主と会社の主張が鮮烈に対立する場面においてである(12)。にもかかわらず、このような場合において、裁判所の裁量が強調され、手続的な保障が十分でないままであるとするなら、実体法たる会社法の論理からしても、適切であるとは考えられない。裁判所の裁量を過大視すると、当事者の双方が激しい論争をしても、糠に釘を打った状態になってしまう(13)。

この点、本件に先立つレックス・ホールディングスのMBOに関する株式

---

(9) 中東正文「企業買収・組織再編と親会社・関係会社の法的責任」法時79巻5号36頁（2007年）（『企業結合法制の理論』（信山社、2008年）所収）。
(10) 河野正憲「株式買取価格の決定と憲法32条、82条〔判例研究〕」北九州大学法政論集2巻1号149-152頁（1974年）。
(11) 詳しくは、中東正文「株式買取請求権と非訟事件手続」名古屋大学法政論集223号233頁（2008年）（『企業結合法制の理論』（信山社、2008年）所収）を参照。
(12) 藤田・前掲(6) 288-230頁参照。
(13) 中東・前掲(9) 38頁注(37)。

取得価格決定申立事件に関しても(14)、また、本件においても、東京地裁は、当事者双方からの主張に丁寧に答える形で、理由についての判示を行うように努めている（会社法871条参照）(15)。この限りにおいては、裁判所における運用として、当事者の手続的保障を尊重するものとして、評価に値しよう。

しかしながら、本件決定は、① 公正価格の決定が裁判所による法的な評価ないし規範的な判断であることの意識に欠けていると思われる。また、この点にも関係して、② 独立当事者間取引としての実質を有していない事例において、実体法上の公正さに関する判断を、非訟事件手続において反映させる努力を怠っており、以下で検討するように、批判を免れない(16)。

(3) 本件株式の評価

① DCF法　本件決定は、本件株式の評価方法として、鑑定人の意見を尊重して、DCF法を採用した。東京地裁は、本件では継続企業価値を評価すべきであるという法的判断を積極的に示した上で、具体的な算定方法について、XらとYの主張に即して鑑定人の意見の当否を検討している。

企業価値は、株式価値の総和であるところ、企業金融論の基本的な考え方によれば、株式の評価は、他の資産と同じく、DCF法によるべきである。理論的な時価総額そのものを表している点、資本コストの考え方が反映されている点で、優れた方式である(17)。規範的な観点からも、DCF方式を原則とすべきであり、例外的に、純資産価額方式によって算定された価額がDCF方式による価額を上回る場合にのみ、純資産価額方式が優先して用いられるべきである。DCF法によって算定される企業価値は、公正価格の決

---

(14) 東京地裁平成19年12月19日決定金融・商事判例1283号22頁（全部取得条項付種類株式に関する会社法172条1項の事例）。裁判官3名のうち、裁判長を含む2名が本件と同じ裁判官であった。

(15) 鹿子木康＝山口和宏「東京地裁における商事事件の概況」商事1796号20頁（2007年）参照。

(16) 本文に述べた諸点は、レックス・ホールディングスに関する東京地裁平成19年決定にも妥当しよう。

(17) 西山茂『企業分析シナリオ〔第2版〕』10-32頁（東洋経済新報社、2006年）。なお、リチャード・ブリーリー＝スチュワート・マイヤーズ（藤井真理子＝国枝繁樹監訳）『コーポレート・ファイナンス〔上〕〔第6版〕』70-74頁（日経BP社、2002年）においても、DCF方式に基づいて、普通株式の評価が説明されている。

定にあたって、最低限を画するべきものである。
　② DCF 法の具体的な適用
　(i)　裁判所の基本的な姿勢　　DCF 法を本件株式に適用するにあたっては、フリー・キャッシュ・フロー、永久成長率、割引率などの具体的な数値を決定することが必要になるが、東京地裁は、当事者の主張の対立点を示した上で、鑑定人の判断を検討し、自らの見解を示している。
　裁判所の判断としては、決定の全体にわたって、「以上によれば、本件鑑定人の判断は、専門的学識と経験に基づき行った判断として十分合理性があり、本件鑑定に不都合な点はないというべきである。よって、この点に関するＸら〔またはＹ〕の主張は理由がない」という小括が重ねられている。このような認定の手順そのものは、鑑定を実施している以上、鑑定人と裁判所の専門性の違いからしても、一定の合理性が認められるであろう。
　もっとも、法的な判断が示されるべき事項について、踏み込んだ判断がなされないまま残されている点も存在しており、批判的な検証が必要になろう。
　(ii)　非流通性ディスカウントに関する法的判断　　非流通性ディスカウントを考慮するべきか否かの判断について、裁判所は、鑑定人の判断に大きく依存している。すなわち、「本件鑑定人は、本件株式買取価格の決定においては、株式売却を意図していない少数株主が会社から離脱することを余儀なくされた場合における少数株主に対する売却を前提とする非流動性ディスカウントを考慮する必要はないこと……が認められる」とした上で、「以上のような本件鑑定人の判断は、専門的学識と経験に基づき行った判断として十分合理性があり、本件鑑定に不都合な点はないというべきである。よって、この点に関するＹの主張は理由がない」と判示する。
　しかしながら、非流動性ディスカウントを考慮するか否かは、株式買取請求権制度の趣旨から検証されるべき法的な価値判断である。これを企業金融の専門家の鑑定に頼ろうとするのは、裁判所の使命を放棄するに等しい[18]。
　(iii)　非独立当事者間取引に関する法的判断　　Ｘらは、本件公開買付から本

---

(18) なお、Ｔの公開買付届出書においては、162円という公開付価格が非流動性ディスカウントを織り込んだものであることが明示されており、非流動性ディスカウントを考慮しないという法的判断のみで、公正価格は162円を上回ると決定すべきであるとも解される。

件営業譲渡までの一連の取引を、スクイーズアウトの事案であると主張しているが、裁判所は、この主張について直接は答えていない。

スクイーズアウトという用語は多義的であるが、法律的に分析した場合の基本的な性格は、独立当事者間取引の構造を本来的には有していないことに求められる。本件のように、Yの主要事業を、Yの支配株主であるファンド連合の傘下の別会社に営業譲渡をした事例においては、譲渡会社と譲受会社とで独立した当事者としての真摯な交渉が期待できないばかりか、情報の非対称性などを利用して、少数株主の犠牲において支配株主が利益を得ることができるという構造が存在している。しかし、この点について、裁判所は驚くほどに鈍感である。

もっとも、本件5カ年計画をFCFの算定の基礎として鑑定人が利用したことの合理性に関して、東京地裁は、「Yの主張は、支援企業に対しては自社の企業価値を高く売り込みながら、株式買取請求の場面では自社の企業価値はもっと低額であると主張していることになるが、このような便宜的な主張・取扱いは信義則に照らし、認められがたい主張というべきである」と判示している。

このように裁判所が批判する「便宜的な主張・取扱い」こそが、独立当事者間取引が行われていない徴表であると考えられる。にもかかわらず、この点は矮小化されてしまい、将来予測の要因としてのみ考慮され、取引全体の法的評価を避けられてしまったのではなかろうか。とすれば、独立当事者間取引でない取引に対する司法判断の姿勢そのものが批判されるべきである。

東京地裁は、Tが有する議決権株式の持株比率が約82％に上っており、Yの支配権を確保していることに言及してはいるものの、本件の第一段階の公開買付に応募された株式数に関しては無関心である。実際には、本件公開買付において、買付予定数の約42.78％しか応募されていないのであり、公正な過程（fair dealing）の裏付けとなるべき少数派の多数（majority of the minority）の同意が得られていないまま、第二段階の営業譲渡が行われている。少数派の多数の賛成が得られたと法的に判断されるためには、解散決議を念頭におけば、3分の2以上の株式の応募が必要であるし、どう少なくみても、過半数の応募があってこそ、公正さを担保する材料になると考えられる。このように応募株式が少なかったという結果は、買付価格が公正価格と

して不十分であることの徴表となり、本件営業譲渡の公正さを疑わせるものである[19]。

　価格の公正さを担保する工夫に関しても、東京地裁は、公開買付価格の妥当性ないし客観性について、「当該第三者機関の評価を参考とした結論が採り得ない」とまで明言しているのであるから、独立した専門家の評価を得るという過程によっては、取引の公正さが担保されていないことを意識している。オピニオン・ショッピングの可能性が否定されないのなら、非独立当事者間取引に関しては、この第三者機関の独立性そのものに疑問を持ちつつ、司法審査を行ったことを積極的に示す必要があった。

　しかも、本件公開買付は、相当の強圧性を有するものであった。Tが提出した公開買付届出書においては、公開買付後に営業譲渡を計画していることを明らかにし、反対株主には株式買取請求権が与えられることが述べられつつも、「買取価格については本公開買付における買付価格と同額になる保障はありません」としている。また、買付価格の算定根拠は抽象的にしか開示されておらず、この不十分な開示も、本件公開買付の強圧性を高めている。このような強圧性があってもなお、約42.78％の株式の応募を受けたに過ぎない[20]。

---

(19) 例えば、中東正文「企業組織再編法制の整備」商事法務1671号21頁（2003年）を参照（『企業結合法制の理論』（信山社、2008年）所収）。

(20) 前掲東京地裁平成19年12月19日決定は、「旧レックスが本件公開買付けの買付価格23万円について、……13.9％のプレミアム……を加えた価格であると説明したこと及び本件公開買付けに対して91.78％の株式を有する株主が賛同した……。また、審問の全趣旨によれば、本件公開買付けに対しては、AP 8 に対抗する別個の買収者による公開買付けはされなかったことが認められ、これによれば、AP 8 による本件公開買付けの買付価格23万円がAP 8 に一方的に有利なものではないことが窺われる」と認定している。この点は、法的で規範的な判断を試みようとするものであろうか。他方で、同決定は、「MBOによる企業価値の増大（シナジー）を勘案する必要がある」との申立人らの主張に対して、「経済産業省に設置された企業価値研究会が取りまとめた『企業価値の向上及び公正な手続確保のための経営者による企業買収（MBO）に関する報告書』……においては、MBOによって実現される価値について、『企業統合等の場合のような相乗効果（いわゆるシナジー）は発生しない。』とされており、……申立人らの主張はその前提を欠く」と排除している。判断の当否はシナジーという概念の範囲の定め方にも関係しており、この点の検討が十分かという疑問もあるが、そもそも、行政指針をそのまま援用して自らの理由付けを行うことなく司法判断を示

第9章　カネボウ株式買取価格決定申立事件

　買付価格の算定根拠については、東京地裁は費用負担との関係で、「Ｘら が申立ての当初の段階で適正な株式買取価格を主張するために必要な資料を 有しているとはいい難い」と、Ｙの情報開示の姿勢に批判的である。にもか かわらず、「Ｙから、株式買取価格決定の申立手続の中で価格を判断するた めに必要な資料が提出され」たとしており、裁判過程で瑕疵が治癒されたか のような判示をしている。しかしながら、価格に関する適切な資料は、一連 の取引が行われる段階で示されるべきものである。そうであってこそ、株主 は公開買付への賛否を判断することができるし、事前事後の法的対応を行う かどうかの判断ができる。裁判を起こしてみなければ、その裁判を起こすこ とが適当であったか否かが分からないとするならば、この事実そのものが、 取引が不公正に行われたことを端的に物語っていると判断されるべきである。

　本来、独立当事者間取引としての実質を有していない事例においては、よ り踏み込んだ判断（理由の付記）が示されていくべきである。具体的には、株 式買取請求権が行使された場合に、公正な価格の決定にあたって、申立人の 主張に一応の根拠が認められるのであれば、裁判所は、この主張を否定する 根拠が相手方から示されるのでない限り、申立人の評価を尊重すべきである。 このように解してこそ、非訟事件において当事者の手続上の地位が不明確で あるという課題を克服することができようし、非訟事件を当事者主義的に組 み立て直すことができる[21]。

　本件決定は、裁判過程で明らかにされた事実を踏まえて、鑑定前に当事者 が提示した意見について、裁判所が判断を示そうとするものであろう。しか し、独立当事者間取引でない取引の公正さについては、取引の過程において 積極的に当事者から示されるべきであり、申立人としては、その段階で知り 得る事実をもとに、公正価格の主張を行えば必要十分であると考えられる。 裁判所も、この主張に理由があるか否かの判断を、非訟事件手続では示して いくべきであろう。より具体的には、独立当事者間取引としての体裁が整え られていない場合においては、鑑定人も、その専門に属する範囲で、申立人 の主張が不合理でないか否かを判断すれば足り、裁判所は、その判断を法的

　　　　すという姿勢が妥当であるか、問題とされるべきである。
　　（21）中東・前掲（9）36頁、38頁注(37)。

第Ⅱ部　法理の具体的な実践

に検証することを通して、公正価格の決定をするのが妥当である。

このような見解によれば、本件においては、DCF法を採用したことについても、Xらが積極的にDCF法が最も望ましい評価方法であることを主張する必要はなく、Yにおいて不合理な方法であることが積極的に示されない限りは、裁判所はXらの主張を適切なものと法的に判断すれば足りる。DCF法を採用する場合において、永久成長率等の具体的な入力値の主張についても同様の取扱いをすべきである。Yとしては、このような取扱いを避けたければ、取引過程が独立当事者間取引の実質を有するように設計すべきであった。

(iv) 小　括　　以上で述べたように、本件決定では、司法審査に基づく法的で規範的な判断を要する点について、判断が避けられている。裁判所に求められているのは、公正価格を単に提示することではなくて、むしろ、争われている価格が導出された取引の公正さを法的に審査することにあると考えられる。

(4) 鑑定費用の負担

① 東京地裁決定の問題点　　本件東京地裁決定は、鑑定費用の負担について、①鑑定費用をX（株主）らに負担させること自体の当否と、②鑑定費用の負担の基準をX（株主）らとY（会社）それぞれの主張額と当裁判所が決定する額との乖離率とすることの当否に分けて、段階的に論じている。このような整理そのものは、自然なものであろう。

もっとも、本件決定は、①でXらに負担させることが適当である理由として、「1株当たりの負担額に換算するとそれほど高額にはならない場合もある」ことを掲げており、これはむしろ、②について費用の負担割合の決定に関する事柄であるかもしれないが、株主の負担を増やす論拠とはならない。東京地裁は、①について鑑定費用をXらに負担させること自体の当否については、ほとんど理由を述べていないとみることができようが、これは、非訟事件手続の費用負担一般の問題として、裁判所に裁量が認められている事項であるとの説明で足りた（非訟事件手続法26条、28条）。

より重要な問題は、②の鑑定費用の負担を決定する基準である。

まず、東京地裁は、「少数株主であるXらが株式買取価格の額に関して合

第9章　カネボウ株式買取価格決定申立事件

理的な根拠のない主張をしていたのであれば、そのことも申立てに至った原因であるから、鑑定費用について相応の負担を課されてもやむを得ない」と、一般論として述べるが、Xらが合理的な根拠のない主張をしていたとの認定はされていない。

　この点にも関係するのであろうが、本件決定は、鑑定費用の負担の基準について、鑑定に付する直前の各当事者の主張額と当裁判所が決定する額との乖離率とすることが相当であるとする。しかしながら、裁判過程でのみ開示された情報に基づいて、Xらに再び主張額を提示させるのが妥当であるとは思われない。Xらは、株式買取請求権を行使するか否かも視野に入れて、一連の取引を観察すべき立場にあり、買取価格決定の申立てをする際にも、その時までに得られた情報に基づいて、種々の裁判費用（機会費用、弁護士費用など）を考慮して、裁判に及ぶからである。Yには、取引の過程において、完全な公正さを確保することが求められており、それができなかったことの負担はXらに負わされるべきではない。その点でも、「なるほど、Xらが申立ての当初の段階で適正な株式買取価格を主張するために必要な資料を有しているとはいい難い」と認定しつつも、Xらの費用負担を軽く見た本件決定は妥当ではない[22]。

　そもそも、もしも東京地裁が言うように、「裁判所が、改めて当事者双方から適正な買取価格について意見を述べる機会を与えれば、当事者双方とも同一の資料に基づいて適正と考える買取価格を主張することが可能となる」という単純なものであれば、鑑定人の鑑定を待つまでもなく、裁判所が公正価格を決すればよいだけのことである。そうでないとすると、裁判所は、専門的な能力があるとは限らない株主たちに、裁判所が付託する鑑定前に、再び自らの費用で鑑定を依頼して、適切と考える公正価格を主張させようとするものであろうか。このような発想は、本件における一連の取引が、独立当事者間取引でないことについて、法的評価を避けていることに由来すると考えられ、適切ではない。

---

[22] 本件決定は、「仮に、Xらがこの段階になってようやく適正な株式買取価格を主張することができるようになったとすれば、当初から適切な情報開示を行わなかったYの対応に問題があったというべきである」という一文で結ばれているが、それまでの議論の流れとの整合性が疑問である。

東京地裁は、「当事者双方の公平の観点」を強調するが、そうであるとすれば尚更、取引全体の公正さに関する裁判所の判断が不可欠であったと考えられる。

② 費用の負担のあり方　本件では、鑑定費用が5,420万円にも及び、このうち5,000万円については、折半して予納することとされた。となると、本件のように、反対株主が結集できた特別な場合は別として、膨大な費用を反対株主は覚悟しなければならない。反対株主は、これを用意できないのが通例であり、となると、株式買取請求権を与える会社法の規定は、ほとんど空文と化してしまう。

諸外国では、反対株主の費用負担を押さえるための工夫が試みられてきている。例えば、米国カリフォルニア州では、裁判所の評価額が、会社の提示した価格の125％を超える場合に、会社が、株主側の弁護士と鑑定人の報酬をも払わなければならないと規定されている[23]。

わが国でも、「会社を原則的に負担者とする方法で、立法的解決を図るのがもっとも妥当である」として、「たとえば、会社側の最初に提示した額が裁判での決定額よりも相当に低い場合、右費用〔裁判所が評価を命じた鑑定人への報酬等（以上は、法改正がなくても解釈で対応できるもの）、のみならず、それ以外の鑑定費、弁護士報酬等〕を会社に課すようにすれば、公正価格の申出段階から会社に慎重な価格算定をなさしめるインセンティブとなり得る」とする見解がある[24]。

この見解は基本的に支持されるべきである。さらに、株式買取請求権制度が、実際に裁判になってから、会社が慎重に買取価格を提示するようにさせる機能だけではなくて、株式買取請求権を発動させる組織再編等の条件を決定する時点で、監視機能を果たし得ることを含めて考えると、一段と、説得力を増すであろう。

本件で、もし単純にカリフォルニア州会社法を適用すれば、裁判所は、Yが主張していた162円の2倍以上にあたる360円を公正価格と認定しているのであるから、鑑定費用は、全額がYの負担となるべきものである。この結論

---

[23] カリフォルニア法の分析も含め、外国法の動向については、木俣由美「株式買取請求手続の再検討〔上〕」商事法務1463号35-37頁（1997年）。

[24] 木俣由美「株式買取請求手続の再検討〔下〕」商事法務1464号32-33頁（1997年）。

第9章　カネボウ株式買取価格決定申立事件

は、妥当であろう。

(5) 結　語

　本件は、独立当事者間取引ではない取引に関して、裁判所が果たすべき役割を明確にしたものであろう。東京地裁には、「なぜ株価の決定が必要になったのか」という問題意識が欠如していたと思われる[25]。事後救済には、裁判所として、十分な責任を負うことができないというのであろうか。経営者や支配株主に対する規律付けとして、他の実効的な手段はないのに、株式買取請求権制度を機能させるつもりはないとすれば、会社法制の規制緩和の側面に司法は対応しないということか。

　おそらくは偶然であるが、1株当たり360円という裁判所が定めた公正価格は、上場廃止時の株価と一致している。もしも、裁判所は鑑定人を信頼し、鑑定人は市場を信頼したということであれば、会社法制が事後規制として司法審査を取り込んだ意味は失われてしまう。

　あるいは、公正価格を余りに高く設定すると、Yの財産が目減りして、株式買取請求権を行使しなかった株主の残余財産分配額を減らしてしまうとの懸念が持たれたのであろうか[26]。もしもそうならば、取引全体の公正さの審査に踏み込んだ上で、別に係属している株主代表訴訟に対して[27]、一定の示唆を与えることができたかもしれない。

　非独立当事者間取引に対して、裁判所が厳格な姿勢を採ることは、会社法制が事前規制から事後救済に転換したこととの関係で重要である。事後救済が着実に実現されないのなら、不公正な取引を行った者が得をするだけの状態になってしまう。積極的な法創造が注目されるようになり[28]、当然のことながら、裁判所による法創造にも、大きな期待が寄せられている。

---

[25] 東京地裁は、何ら言及していないが、差止仮処分申立事件で株主側が敗訴していることが関係するのであろうか（最高裁第一小法廷平成18年11月30日決定（判例集未登載））。
[26] 買取価格の未払いについては、年率6％の遅延利息が付くことになるし、鑑定費用も会社から支払われると、その分だけ会社財産が目減りすることになる。
[27] 代表訴訟に関する東京地裁平成19年9月27日判決（金融・商事判例1278号18頁）では、原告株主は敗訴し、東京高裁で審理が続けられている。
[28] 例えば、早稲田大学21世紀COE《企業法制と法創造》総合研究所の活動〈http://www.21coe-win-cls.org〉。

第Ⅲ部　実践のための理論

第Ⅲ部　実践のための理論

第1章　資本市場に対峙するための法整備

　松古論文は(1)、投資銀行業務での深い見識に基づいて、わが国の上場会社が資本市場としっかりと対峙すべきであると指摘する。その上で、多様な投資家との対話に際して、日本企業が留意すべき貴重な示唆を具体的に提示する。

　上場会社にとって、資本市場との対峙ないし対話が必要であることは、資本市場の利用を決断した以上、避けることができない。この点で、松古論文が、買収防衛策を例にとりつつ、投資家と上場会社との間に認識がずれているという現状を明らかにし、いかにして対峙を実現すべきかを検討した意味は大きい。

　どの国であれ、資本市場は、もはや1国のものではなく、世界からの市場参加者が成り立たせているのが現状であろう。しかも、資本市場のなかでも、会社支配市場を通じた経営者への規律付けが働き、友好的であれ、敵対的であれ、M&Aによる経営資源の迅速かつ効率的な再配分が促進されることは望ましい。

　しかしながら、投資家と上場会社との認識は、ある程度の共通の土台が存在してこそ、成り立ち得るのではないか。松古論文によると、ISSといえども、日本に固有の制度や商慣習などに配慮しており、米国基準や国際基準との比較では「まだ甘い」とのことであるが、どのような事情が考慮されているのかは明らかではない。買収防衛策導入等の賛否について、必須条件や個別判断項目の所定の基準があって、その幾つかを割り引いてもらっているだけであるとすれば、共通の土台において基準が設定されている訳ではない。建付けが違っているなかで、共通の認識が生み出されるのか疑問である。

（1）松古樹美「資本市場の声に日本企業はいかに対峙すべきか？」金融・商事判例1281号3頁（2008年）。

例えば、米国においては、強圧的な買収手法を買収者が使うことができないように、裁判所が機敏かつ柔軟に法創造を行う伝統が存在する。州会社法には企業買収規制法も存在する。また、英国においては、義務的公開買付と全部買付義務が徹底されており、攻撃側の行為規範が厳格に定められている。

これに対して、わが国においては、会社法制においても、証券法制においても、買収側に対する十分な規制がなされてはいない。このような状況において、防衛策だけに注目して、その設計等が国際基準を満たしているか否かを論じていては、わが国の上場会社の経営陣が幾ら努力しようとも、投資家との共通の認識は得られないであろう。

会社支配市場に関する法制度に関して、わが国も法改正等を繰り返してきた。その総仕上げというべきものが、金融商品取引法の制定であろう。ただ、今般の公開買付規制の改正は、当面の問題に対するための改正にすぎず、根本問題を残して、それをより明確にした改正であった（岩原紳作ほか「〈座談会〉敵対的TOB時代を迎えた日本の買収法制の現状と課題」MARR2007年1月号20頁〔岩原発言〕）。

このような現状に陥った原因の一つは、わが国での法整備が、個別具体的な事例に刺激を受けながら推し進められたという、不幸な歴史にもあろう。全体的な構想を論じることなく、会社法制による防衛策の構築が先んじ、これを前提としつつ、追いかける形で、証券法制による公開買付の規制がなされていった（中東正文「敵対的企業買収に関する法規制」証券取引法研究会編『証券・会社法制の潮流』173頁（財団法人日本証券経済研究所、2007年）参照）（『企業結合法制の理論』（信山社、2008年）所収）。

会社法制と証券法制の齟齬は、会社法制の現代化において、買収者が大多数の株式を取得することに成功した場合に、残存少数株主に株式買取請求権を認めないとの政策判断をしたにもかかわらず、その後の敵対的買収事例が危機感を高めて、証券法制の改正においては、部分的にではあれ、全部買付義務が導入されたことにも示されている。

最先端の実務家から、公開買付規制の再改正が提言されている（藤縄憲一「検証・日本の企業買収ルール」商事1818号17頁（2007年）参照）。最も普及している事前警告型買収防衛策の発案者からの提案だけに、説得力が強い。この防衛策は、適切な法整備によって、消え行く運命にあるからこそ、妙味がある

第Ⅲ部　実践のための理論

(中東正文「買収防衛に関する会社の基本方針」T&A master 156号9頁（2006年）〔⇒本書第Ⅰ部4〕)。個々の会社による買収防衛策の導入と発動は、ほとんど不要な状態にまで、会社支配市場に関する法制度を整備すべきである。そのような環境が整ってこそ、「市場の声」に対して、上場会社が堂々と対峙することができるであろう。

　この法整備にあたっては、「官」と「民」との役割の再分配をも含め、会社法制と証券法制の連携と調和が不可欠である（中東正文「会社支配市場に関わる法規制の再構築」江頭憲治郎＝碓井光明編『法の再構築Ⅰ国家と社会』41頁（東京大学出版会、2007年）参照）（『企業結合法制の理論』（信山社、2008年）所収）。松古論文が希求するように、投資家と上場会社との間で認識の齟齬をなくすべく、会社支配市場法制の全体を鳥瞰しつつ、法の再構築を進める必要がある。

第2章 カナダの気風と法制度

1 カナダへの道標

　新婚旅行は、今から12年前のこと、カナダのバンクーバーに出かけた。
　どうしてカナダに決めたのか、理由はおぼえていない。私が大学に寄りたいと言い張り、強行してしまったがために、妻には今でも、「新婚旅行らしくなかった」と嫌味を言われてはいる。
　とはいえ、ほぼ毎年のように、期間の長短はあるけれども、家族でカナダに滞在するようになると、妻も、カナダでの生活を満喫するようになった。カナダの研究者とも、家族ぐるみの交流が深まるにつれ、娘も大いに楽しんでいるようである。名古屋大学の国際交流の一環として、先方も喜んで、日本に授業等に来てくれることもありがたい。
　カナダに根を張ることになった原点は、ビクトリア大学での滞在であったように思う。ブリティッシュ・コロンビア州の都市としては、バンクーバーの方が有名である。でも、同州の州都はビクトリアであり、観光の名所でもあるが、立法や行政の動向を知るには、この土地が学問的な魅惑に満ちている。
　貧乏な学者生活であるから、娘を連れての最初の滞在は、ビクトリア大学の学生寮であった。夏休み期間中には、学生寮を一般向けに安く開放している。幼稚園にしても、子供を持つ学生の分の空きがあり、娘を1か月ほど、受け入れてもらった。日本語すらおぼつかない0歳児の娘は、言葉の壁など感じもしなかったであろうが、各種の行事について、親の積極的な参加が期待されており、妻も私も、大変ながらもカナダの流儀を満喫する機会であった。
　こういった普段とは異なる生活で感じるのは、カナダの人々が、私たちを、ごくごく自然に受け入れてくれていることである。幼稚園にしても、娘がお

世話になった次の年に、短期に滞在をする機会があったので、ご挨拶に伺ったが、担任の先生方もおぼえて下さり、驚きつつも嬉しかった。カナダの研究上の友人は、研究を離れても、あれこれと世話を焼いてくれる。

失われつつある日本の地域社会の良さを、国境の隔てなく、感じさせてくれる。カナダは、国家としては、経済的・政治的にはアメリカと利害を共通するところが多いのかもしれないが、個々人の信念や他との接し方において、日本と共通する面が多いと強く実感する。

2 カナダ法の沿革

カナダの元首は、今でも、イギリスの元首である。紙幣や貨幣にも、エリザベス女王の肖像が象徴となっている。イギリス元首の副総督が、各州に配置されており、各州の議会が法律を制定しても、副総督の承認が得られないと、施行されずに葬り去られる運命にある。

私が研究の拠点としているブリティッシュ・コロンビア州においても、副総督の承認がなされないがために、施行されない会社法改正が少なくない。大学での授業にしても、議会で改正法が制定されても、施行が確かになるまでは、従前の会社法の内容が取り扱われる。副総督が実質的な判断をする訳ではないが、そういった対応がなされる。わが国では、今般の会社法について施行期日を定める政令がされないままに、特定の日を予想して、実務での対応が進められ、大学でも新しい内容で授業が行われたのと対照的である。

司法の秩序にしても、20世紀半ばまでは、カナダの最上級審の裁判所は、イギリスの裁判所であった。それほど、イギリス法への依存度が高い。カナダにおいては、会社法も、証券取引法も、各（準）州で制定されており、その他に、連邦の会社法や証券取引法も存在する。ケベック州を擁し、フランス語も公用語の国であるから、フランス法の影響も小さくない。

私がカナダの会社法に関心を持ったのも、法体系において、イギリス法とフランス法に起源を有しており、にもかかわらず、政治的・経済的・地理的要因のために、アメリカ法の影響をも強く受けているからであった。現代における法継受の貴重な事例であり、壮大な実験を体感することができる。

とりわけ、ブリティッシュ・コロンビア州は、「ブリティッシュ」という言葉を冠しているだけあって、会社法も、イギリス法の影響を強く受けてい

る。私が専門とするM&Aにしても、イギリス会社法の影響を強く受けている。先頃の改正までは、合併には裁判所の承認が必要であるとされており、基本的には合併というM&A手法を認めないイギリス法にならったものであった。

3 敵対的買収

　敵対的買収に関する記事が、わが国でも新聞紙面を騒がせている。非効率な経営を行っている買収対象会社に適切な規律付けを与えるものとして、肯定的に理解されるようになった。

　敵対的買収の対象になりたくなければ、経営陣は、株価を十分に高めるように、日頃から努力をしておけばよい。そうすれば、仮に敵対的買収者が現れて買収に成功したところで、利益を得ることができない。合理的な者ならば、効率的に運営されている会社を敵対的に買収しようとは考えないであろう。

　とはいえ、このように美しい物語が常に成立するとは限らない。例えば、買収者の側の攻撃に際して、強圧的な手段が用いられる可能性もある。買収者が対象会社の株主を脅すような形で、買収スキームを組み立てることができるのなら、本来ならば成功してはならない買収まで、成功してしまう。社会的にも非効率を生じさせる。

　アメリカのように、攻撃側の武器が制限されていない国においては、攻防のバランスをとるために、防衛する対象会社の側でも、いきおい緩やかな基準で、対抗策を講じることが許されることになる。要するに、何でもありの世界で、戦いをさせてみる。戦いに勝った者が、正しかったということになる。

　このような枠組みの設定の仕方について、イギリスを頂点とするコモン・ウェルス諸国は、正反対の立場を採ってきた。攻撃側の武器も制限した上で、防衛側も武器を制限しようという発想に立つ。カナダも例にもれない。攻撃側に課されている制約が、随分と厳しい。

　具体的には、攻撃側が株主を脅すには、株式を公開買付によって買い集める際に、「是非とも、株式を売って下さい。売り残したら、後にどうなるか、覚悟をして下さい」という形で、対象会社の株主を売り急がせるのが古典的

185

な方法である。カナダにおいては、「後にどうなるか、覚悟せよ！」と言ってみたところで、買収者は、公開買付に応募をしなかった株主を邪険に取り扱うことができない仕組みになっているから、脅しにはならない。

　また、対象会社の株主に対して十分な時間と情報を与えずに、拙速な判断を迫ろうとしても、こういった攻撃の仕方はできなくなっている。この点は、法律で手当てがされている訳ではない。わが国でいうところのライツ・プランを、各社において導入すれば、株主には必要な時間と情報とが提供される枠組みを作り上げることができ、これは、各社の取締役会において構築することが認められている。逆に言えば、このような目的に資さない防衛策は、認められていない。

　敵対的買収者が株式の応募を受け入れる期間、つまり公開買付期間として、120日間が要求されることまでも存在し、証券取引委員会も否定的には考えていないという。証券取引法では、公開買付の最短期間について制限を設けているが、最長期間については何の制限も置いていない。公開買付期間が長い分には、何ら問題はないという立法判断である。わが国において、最長期間が法定されており、期間を延ばすことに慎重な意見が強いのとは異なる。

　アメリカにおける支配争奪の激しさとは対照的に、カナダでは、前述のような法的な枠組みにおいて支配争奪が試みられるから、ある意味、牧歌的といえるのかもしれない。イギリスの伝統を引き継いだもので、紳士的・淑女的な争奪戦が行われると表現することもできよう。

　アメリカは、攻防の双方が高度な武器を有するという形で、支配争奪戦に関する攻防の武器対等が実現されている。わが国では、拳銃を持った敵対的買収者に対して、相当に準備をしなければ、防衛側は素手で対抗するしかないに近い状態でもある。イギリスにおいては、攻防の双方に強力な武器を持たせないという形で、武器対等を図っている。

　わが国において武器対等を目指すならば、攻撃側の武器を制限するか、防衛側の武器を強化するか、どちらかになろう。現時点では、どちらにも進むことができるように思われ、我々は、重要な分岐点に立っている。

　私自身は、イギリス式の発想を選択すべきであると考える。ただ、イギリスの会社法は、合併という法律行為を一般的に認めておらず、株式取得による手法を基礎としているし、法の実現においては、自主規制機関の役割が大

きい。イギリス法を範にしようとしても、わが国の会社法制とは、前提となる文化的基盤が大きく異なる。この点、カナダ法は、アメリカ法の影響をも受けてM&A手法が整備されているから、わが国との間で、課題を共有するのが容易である。

敵対的買収と社会的価値の実現の理解の仕方には、アメリカ型の市場至上主義もあり得る。会社が効率的に運営されていなければ、敵対的に買収されてしまって、バラバラに解体されるのも、経済効率を高めるものとして、賞賛されるのであろう。

しかし、わが国において、従業員は、個々の会社に特有の熟練を身につけることが期待されている。労働市場も流動的でないから、会社からいきなり放り出されれば、会社から放り出された者は、たとえ能力が高くても、十分に対応できない。会社が存続する限りは、世界的にも従業員の保護が強いとされる労働法制が役立つ。とはいえ、会社が解散した場合にまで、労働法に多くを期待することはできないであろう。会社が存続するか否かによって、あまりに大きな違いが生じてしまう。最終的には、従業員の利益を確保することも、敵対的買収の攻防に関わる法制度において、組み込んでいかなければならないのかもしれない。

この最後の点についても、ブリティッシュ・コロンビア大学に所属する研究者とともに、同じ問題意識を持って、共同研究を進めている。コーポレート・ガバナンスの比較法研究については、3年ほど前に、共著論文が海外の雑誌に掲載された。現在は、コーポレート・ガバナンスとコーポレート・ファイナンスの接点に位置するM&Aという事象を核にして、会社法の理念と従業員の利益の確保の共存を検討している。

4　おわりに

わが国は、源流を全く異にするが、文化的・社会的な状況に共通点も多く、カナダ法から学ぶべき点は多い。

環境法などの分野では、20年以上も前から、カナダ法が熱心に研究されてきた。森島昭夫地球環境戦略研究機関理事長（名古屋大学名誉教授）は、カナダ法の研究の先駆者であり、森島教授らが編集された『カナダ法概説』（有斐閣、1984年）は、今でも、カナダに留学する実務家や研究者の必読書となっ

第Ⅲ部　実践のための理論

ている。

　反対方向になるが、カナダの大学の研究者や学生なども、日本法への関心が高い。森島教授、龍田節京都大学名誉教授、松浦好治名古屋大学教授など、私にとって身近で尊敬する研究者が、ブリティッシュ・コロンビア大学で教鞭をとられていた。私自身も、ここ数年、ビクトリア大学のアジア太平洋研究センターの外部アドバイザーを務めている。

　わが国では、「一億総中流」という表現がしばしば使われてきた。今では、「カネで買えないものはない」と公言する人々も現れたし、国民の間の経済格差は拡がっていると感じる。そうであるにせよ、中庸をもって尊いとする文化は顕在であると信じたい。大企業の経営者の報酬は、アメリカに比べると、驚くほど安い。欲張り過ぎないことが、気持ちの余裕を生んでいたのかもしれない。

　カナダも、隣国が超大国のアメリカであるからか、人々も１番になりたいとは願っていないようである。「２番目であること」を、誇りにしているともいわれる。１番であると他に認めさせようと無理をしない心のゆとりが、気分的に満ち足りた生活を可能としているのであろう。

　わが国で失われつつある何かが、今なお、カナダには残されているのではないか。それが何なのか、カナダの大自然を前に、のんびりと考える時間が欲しい。

〈初出・原題一覧〉

第Ⅰ部　実践のための視座

第1章　株式交換制度を戦略的に活用する経営者たれ
　　　　　　　　MARR〔マール〕通巻54号3頁（1999年、レコフデータ）
第2章　株式交換制度の導入と企業結合法制の今後
　　　　　　　　MARR〔マール〕通巻56号10頁（1999年、レコフデータ）
第3章　持株会社　　別冊法学セミナー（2001年、日本評論社）
第4章　買収防衛に関する会社の基本方針
　　　　　　　　Ｔ＆Ａ master 156号4頁（2006年、ロータス21）
第5章　大量保有報告制度の充実
　　　　　　　　金融・商事判例1252号1頁（2006年、経済法令研究会）
第6章　外国会社による三角合併
　　　　　　　　金融・商事判例1257号1頁（2007年、経済法令研究会）
第7章　株主は他の株主を選ぶことができるのか
　　　　　　　　金融・商事判例1270号1頁（2007年、経済法令研究会）
第8章　会計帳簿閲覧等の拒絶事由は、拒絶の自由を認めるものか
　　　　　　　　金融・商事判例1276号1頁（2007年、経済法令研究会）
第9章　Ｍ＆Ａを巡る最近の動向
　　　　　　　　監査役524号4頁（2007年、日本監査役協会）

第Ⅱ部　法理の具体的な実践

第1章　不当な比率による合併と取締役の責任
　　　　　　　　判例タイムズ975号204頁（1998年、判例タイムズ社）
第2章　UFJ vs. 住友信託 vs. 三菱東京　「法的問題点の整理と司法の役割」中東正文編『UFJ vs. 住友信託 vs. 三菱東京：Ｍ＆Ａのリーガルリスク』34頁（2005年、日本評論社）
第3章　UFJ事件にみる司法判断　「UFJ事件にみる司法判断——取引保護条項の有効性を中心に」家田崇ほか『「季刊・事業再生と債権管理」別冊5号・Ｍ＆Ａ攻防の最前線——敵対的買収防衛指針』176頁（2005年、金融財政事情研究会）

189

第4章　積極的な法創造を
　　　　　　金融・商事判例1238号8頁（2006年、経済法令研究会）
第5章　住友信託銀行 vs. 旧UFJ銀行事件　「住友信託銀行 vs 旧UFJ事件【本案・第1審判決】——独占交渉義務違反に基づく損害賠償請求」野村修也・中東正文編『別冊金融・商事判例・M＆A判例の分析と展開』220頁（2007年、経済法令研究会）
第6章　取締役会決議が必要な重要な財産の処分
　　　　　『別冊ジュリスト180号・会社法判例百選』144頁（2006年、有斐閣）
第7章　ブルドックソース事件を巡る法的戦略と司法審査
　　　　　　　　企業会計59巻11号70頁（2007年、中央経済社）
第8章　ブルドックソース事件と株主総会の判断の尊重
　　　　　　　　　　　ジュリスト1346号17頁（2007年、有斐閣）
第9章　カネボウ株式買取価格決定申立事件　「カネボウ株式買取価格決定申立事件——東京地決平成20・3・14本誌〔金融・商事判例〕1289号8頁」金融・商事判例1290号22頁（2008年、経済法令研究会）

第Ⅲ部　実践のための理論

第1章　資本市場に対峙するための法整備
　　　　　　金融・商事判例1281号12頁（2008年、経済法令研究会）
第2章　カナダの気風と法制度　法苑144号（2006年、新日本法規）

◇ 索　引 ◇

◆ あ行 ◆

営業譲渡 …………………………… 159

◆ か行 ◆

会社支配市場 ……………………… 51
会社分割 …………………………… 15, 38
合併交付金 ………………………… 64
合併比率 …………………………… 60
合併無効の訴え …………………… 87
株式移転 …………………………… 15
株式買取請求権 …………… 32, 46, 159
株式交換 ………………… 2, 4, 14, 38
株主権の縮減 ……………………… 9
株主の合理的無関心 ……………… 153
株主平等(の)原則 ……… 130, 132, 147
勧告的決議 ………………………… 151
鑑定費用の負担 …………………… 165
企業価値報告書 …………………… 21
基準日 ……………………………… 153
義務化 ……………………………… 25
強制買取制度 ……………………… 3, 10
業務検査役 ………………………… 10
緊急停止命令 ……………………… 30
クラウン・ジュエル ……………… 101
権限分配論 ………………… 137, 157
公開買付制度等ワーキング・グループ
　　　………………………………… 23, 55
公開買付届出書 ………… 127, 145, 172
交付金合併 ………………………… 65
国際会社法 ………………………… 32

◆ さ行 ◆

債務超過会社 ……………………… 2, 49
差別的行使条件 …………………… 147
三角合併 …………………………… 31, 47
事実上の取締役 …………………… 17
ジャパニーズ・スクィーズ・アウト … 42
終身雇用 …………………………… 17
取得条項付新株予約権 …………… 128
純粋持株会社 ……………………… 5
少数株主の締め出し ……………… 136
新株発行の無効 …………………… 86
新株予約権無償割当て ……… 128, 144
信頼利益 ………………………… 97, 106
ストラテジック・バイヤー ……… 36, 39
全部買付 …………………………… 25

◆ た行 ◆

第三者割当増資 …………………… 63
対質問回答報告書 ………… 127, 145
大量保有報告 ……………………… 29
ディスカウンテッド・キャッシュ・
　フロー方式 ……………………… 162
独占交渉条項 …………… 69, 88, 109
独立当事者間取引 ………………… 43, 167
取引保護条項 ……………………… 100

◆ な行 ◆

二段階公開買付 …………………… 41
日米投資イニシアティブ ………… 47
抜け殻方式 ………………………… 5
年功序列 …………………………… 17

191

索　引

◆ は行 ◆

買収防衛策 …………………… 151, 182
買収防衛指針 ……………………53, 134
非訟事件 ……………………………… 173
非流動性ディスカウント …………… 164
フィデュシャリー・アウト ………99, 100
フィナンシャル・バイヤー ………36, 39
不公正発行 …………………………… 130
２つの第９条 ……………………14, 38
フリー・キャッシュ・フロー ……… 13
包括承継 ……………………………… 7

◆ ま行 ◆

持株会社 ……………………………… 14

◆ ら行 ◆

濫用的買収者 ………………………… 133
利益供与 ……………………………… 142
履行利益 ……………………………… 106
理由の付記 …………………………… 173

◆ F ◆

fiduciary out ………………………… 114

◆ M ◆

majority of the minority ………… 171
MBO ………………………………… 8, 46

◆ L ◆

LBO …………………………………… 8

〈著者紹介〉

中 東 正 文（なかひがし　まさふみ）

1965 年	三重県伊勢市に生まれる
1989 年	名古屋大学法学部卒業
1991 年	名古屋大学大学院法学研究科博士課程（前期課程）修了
	名古屋大学法学部助手
1993 年	中京大学法学部専任講師
1996 年	名古屋大学法学部助教授
1997 年	大隅健一郎賞
1999 年	名古屋大学大学院法学研究科助教授（配置換え）
2000 年	博士（法学）
2005 年	名古屋大学大学院法学研究科教授

〈主要著作〉

『企業結合・企業統治・企業金融』（信山社・1999年）
『商法総則・商行為法（第2版）』（共著、有斐閣・2008年）
『商法改正〔昭和25年・26年〕GHQ/SCAP文書』（信山社・2003年）
『検証会社法──浜田道代先生還暦記念』（共編著、信山社・2007年）
『企業結合法制の理論』（信山社・2008年）

理論と実際シリーズ
1
会社法・金融商品取引法

❀ ❀ ❀

企業結合法制の実践

2009(平成21)年1月15日　第1版第1刷発行

著　者　中　東　正　文
発行者　今井貴・渡辺左近
発行所　株式会社　信山社

〒113-0033　東京都文京区本郷6-2-9-101
Tel 03-3818-1019　Fax 03-3818-0344
info@shinzansha.co.jp

出版契約 No.2009-5831-01010　Printed in Japan

© 中東正文, 2009　印刷・製本／松澤印刷・渋谷文泉閣
ISBN978-4-7972-5831-8 C3432 分類 325.150-d001 会社法・金商法
5831-01010:p208:b1500:P3400《禁無断複写》

「理論と実際シリーズ」刊行にあたって

　いまやインターネット界も第二世代である「web2.0」時代を向かえ、日本にも史上類をみないグローバリゼーションの波が押しよせています。その波は、予想を超えて大きく、とてつもないスピードで私たちの生活に変容をもたらし、既存の価値観、社会構造は、否応もなくリハーモナイズを迫られています。法、司法制度もその例外ではなく、既存の理論・判例や対象とする実態の把握について、再検討を要しているように思われます。

　そこで、わたしたちは、現在の「理論」の到達点から「実際」の問題、「実際」の問題点から「理論」を、インタラクティブな視座にたって再検討することで、今日の社会が回答を求めている問題を検討し、それらに対応する概念や理論を整理しながら、より時代に相応しく理論と実務を架橋できるよう、本シリーズを企図致しました。

　近年、社会の変化とともに実にさまざまな新しい問題が現出し、それに伴って、先例理論をくつがえす判決や大改正となる立法も数多く見られ、加えて、肯定、否定問わず理論的な検討がなされています。今こそその貴重な蓄積を、更に大きな学問的・学際的議論に昇華させ、法律実務にも最大限活用するために巨視的な視座に立ち戻って、総合的・体系的な検討が必要とされるように思います。

　本シリーズが、集積されてきた多くの研究と実務の経験を新しい視軸から考察し、時代がもとめる問題に適格に応えるため、理論的・実践的な解決の道筋をつける一助になることを願っています。

　混迷の時代から順風の新時代へ、よき道標となることができれば幸いです。

2008年12月15日　　　　　　　　　　　　　　信山社　編集部

（価格は税別）

◆学術選書◆

学術選書1	太田勝造	民事紛争解決手続論（第2刷新装版）	6,800円
学術選書2	池田辰夫	債権者代位訴訟の構造（第2刷新装版）	続刊
学術選書3	棟居快行	人権論の新構成（第2刷新装版）	8,800円
学術選書4	山口浩一郎	労災補償の諸問題（増補版）	8,800円
学術選書5	和田仁孝	民事紛争交渉過程論（第2刷新装版）	続刊
学術選書6	戸根住夫	訴訟と非訟の交錯	7,600円
学術選書7	神橋一彦	行政訴訟と権利論（第2刷新装版）	8,800円
学術選書8	赤坂正浩	立憲国家と憲法変遷	12,800円
学術選書9	山内敏弘	立憲平和主義と有事法の展開	8,800円
学術選書10	井上典之	平等権の保障	近刊
学術選書11	岡本詔治	隣地通行権の理論と裁判（増補版）	続刊
学術選書12	野村美明	アメリカ裁判管轄権の構造	近刊
学術選書13	松尾 弘	所有権譲渡法の理論	続刊
学術選書14	小畑 郁	ヨーロッパ人権条約の構想と展開〈仮題〉	続刊
学術選書15	岩田 太	陪審と死刑	近刊
学術選書16	安藤仁介	国際人権法の構造〈仮題〉	続刊
学術選書17	中東正文	企業結合法制の理論	8,800円
学術選書18	山田 洋	ドイツ環境行政法と欧州（第2刷新装版）	5,800円
学術選書19	深川裕佳	相殺の担保的機能	8,800円
学術選書20	徳田和幸	複雑訴訟の基礎理論	11,000円
学術選書21	貝瀬幸雄	普遍比較法学の復権	5,800円
学術選書22	田村精一	国際私法及び親族法	9,800円

◆総合叢書◆

総合叢書1	甲斐克則・田口守一 編	企業活動と刑事規制の国際動向	11,400円
総合叢書2	栗城壽夫・戸波江二・古野豊秋 編	憲法裁判の国際的発展Ⅱ	近刊
総合叢書3	浦田一郎・只野雅人 編	議会の役割と憲法原理	7,800円

		（価格は税別）
日本会社法成立史	淺木　愼一	16,000円
商法改正［昭和25・26年］GHQ/SCAP文書	中東　正文	38,000円
企業結合法制の理論	中東　正文	8,800円
企業結合・企業統治・企業金融	中東　正文	13,800円
現代企業・金融法の課題（上／下）　平出慶道・高窪利一先生古稀記念		各15,000円
現代企業法の新展開　小島康裕教授退官記念		18,800円
閉鎖会社紛争の新展開	青竹　正一	10,000円
新会社法	青竹　正一	3,800円
ヨーロッパ銀行法	B.スズィー・ルビ（泉田栄一 訳）	18,000円
株式会社会計法	泉田栄一・佐藤敏昭・三橋清哉	3,000円
ニュー・ヨーク州事業会社法史研究	伊藤　紀彦	6,000円
株主代表訴訟の法理論	山田　泰弘	8,000円
金融の証券化と投資家保護	山田　剛志	2,100円
相場操縦規制の法理	今川　嘉文	8,000円
過当取引の民事責任	今川　嘉文	15,000円
会社営業譲渡の法理	山下　眞弘	6,800円
税法講義〔第2版〕	山田　二郎	4,800円
入札談合の研究〔第2版〕	鈴木　満	6,800円
新航空法講義	藤田　勝利（編）	3,800円

◇改正変遷を整理・一覧化◇

淺木愼一 編

過去の文献・判例を読む際に、必携の法令集

会社法旧法令集
ISBN:978-4-7972-5582-9 本体¥10,000(税別)

第一部 商法第二編全条文変遷一覧
第二部 有限会社法全条文変遷一覧
第三部 株式会社の監査等に関する商法の特例に関する法律全条文一覧
第四部 旧商法第一編第六章制定時・施行時対照表
〈資料〉平成一七年法律第八六号会社法／改正前後対照表

会社法旧法令集 II
ISBN:978-4-7972-5598-0 本体¥10,000(税別)

第五部 商法総則編等条文変遷一覧
第六部 旧主要法務省令条文変遷一覧
第七部 平成一七年改正前会社法関係主要法律条文変遷一覧
第八部 康徳四年満州国会社法
〈資料〉会社法施行以前の会社法施行規則・会社計算規則の改正対照表

会社法改正の歴史と現代化を検証

淺木愼一・小林 量・中東正文・今井克典 編

検証会社法

浜田道代先生還暦記念
ISBM978-4-7972-5555-3 定価：19,000 円（税別）

今、求められる会社法制への根源的視座

本書の内容

会社法制定の検証のための視座／淺木愼一◆合名・合資会社および旧有限会社に対する会社法の影響／広瀬裕樹◆意思決定権限の分配と定款自治／前田雅弘◆株主の秘密投票／山田尚武◆経営機関の監督・監査／今井克典◆取締役の選任と解任／芝園子◆代表訴訟と役員等の責任／山田泰弘◆新株発行／戸川成弘◆種類株式・新株予約権に関する会社法制の史的展開／家田崇◆社債権者の異議申述権の個別行使／森まどか◆証券振替決済システムにおける権利の帰属と移転の理論／コーエンズ久美子◆剰余金の配当規制／小林量◆債権者保護／弥永真生◆企業内容の公示・開示／黒沼悦郎◆組織再編／中東正文◆会社法・関連立法の成果と国際会社法／上田純子◆巻末：浜田道代先生略歴・著作目録